Mahatma Gandhi

Was man mit Gewalt gewinnt,
kann man nur mit Gewalt behalten

Mahatma Gandhi (1869–1948)

Mahatma Gandhi

Was man mit Gewalt gewinnt, kann man nur mit Gewalt behalten

Gedanken einer großen Seele

Ausgewählt von Bernhard Suchy

marixverlag

Gewalt ist die Waffe des Schwachen;
Gewaltlosigkeit die des Starken.

Inhalt

Vorwort 11

Wegmarken

Südafrika 19

Indien 29
Rede zur Einweihung der Hindu-Universität
von Benares 29
Wie die Nichtzusammenarbeit ins Werk zu
setzen ist 45
Überwindung der Furcht 48
Die Lehre vom Schwert 49
An die Engländer in Indien, Teil I 55
Arbeitsbedingungen 60
An die Engländer in Indien, Teil II 65
Selbsterkenntnis 70
Gandhis Erklärung bei seinem Prozess am
18. März 1922 75
Das 11-Punkte-Programm 83
Der Salzmarsch 1930 85

Gedanken, Bekenntnisse, Überzeugungen

Erziehung und Bildung 93
Schweigen 100
Glaube, Religion, Gebet 103
Das Streben nach Vollkommenheit 114
Ziele und Mittel 121
Gewaltlosigkeit 129
Fasten und Ernährung 136
Stärke und Feigheit 140
Wahrheit 143
Staat, Kultur, Demokratie 148
Gerechtigkeit 158
Liebe 160
Selbsterkenntnis 163
Ziviler Ungehorsam 167
Demut 170
Disziplin 174
Mann und Frau 181
Vermächtnis 183

Editorische Notiz 187

Verwendete und weiterführende
Literatur 189

Die Menschen zögern häufig, einen Anfang zu machen, weil sie spüren, das Ziel kann nicht in seiner Gänze erreicht werden. Genau diese Geisteshaltung ist unser größtes Hindernis für den Fortschritt – ein Hindernis, dass jeder Mensch, wenn er nur will, beseitigen kann.

Vorwort

Anfang der 1920er-Jahre, das mörderische Tosen des Ersten Weltkriegs war kaum verklungen, begann die Kunde von einem besonderen, einem neuen Anführer der Hindus in Indien nach Europa zu dringen. Bis dahin galt Rabindranath Tagore, der 1913 als erster Asiate einen Literaturnobelpreis erhalten hatte, in Europa als wichtigste intellektuelle Stimme Indiens. Der französische Schriftsteller Romain Rolland, während des Ersten Weltkriegs und danach das von anderen so genannte »Gewissen Europas« und Mittelpunkt eines großen Netzwerkes pazifistisch orientierter europäischer Intellektueller, war derjenige, der als Erster von Gandhi zu sprechen und berichten anfing. Am 23. August 1923 notierte er in sein Tagebuch: »[Ein Besucher] erzählt von Gandhi, der einen außerordentlichen Einfluss auf die Hindus hat. Er ist ein Anwalt, der vor 7 oder 8 Jahren all seinen Besitz aufgab, um sich ganz der Errettung seines Volkes hinzugeben, auf das er eine magnetische Anziehungskraft ausübt. Er predigt gewaltlosen Widerstand und lässt [seine Leute] der Gewalt abschwören. Die Revolte letztes Jahr brach aus, als die Briten ihn kaltstellen wollten. […] Er scheint von Tolstois Ideen beeinflusst zu sein.« 1924 sorgte Rolland dafür, dass ausgewählte Schriften Gandhis auch in Deutschland und Frankreich erschienen, und schrieb einen langen Essay als Einleitung. Sie gipfelt in folgender Prophezeiung: »Die großen religiösen Erscheinungen des Orients folgen einem eigenen Rhythmus. Eines ist sicher: Entweder wird Gandhis Geist jetzt triumphieren oder er wird sich erneut manifestieren, wie Jahrhunderte zuvor im Messias oder Buddha. Bis es vollendet ist – die vollkommene Inkarnation desjenigen Lebensprinzips, das eine neue Menschheit auf einen neuen Weg führen wird, in einem sterblichen Halbgott.«

Rollands nimmermüde Anstrengungen während der 1920er-Jahre, Gandhis Ideen der Gewaltlosigkeit in Europa bekannt zu machen, finden ihr Echo wiederum bei Stefan Zweig, einem anderen leidenschaftlichen europäischen Denker, der sich zu der Zeit eine gänzlich neue Friedensbewegung erhoffte: »Mahatma Gandhis Krieg entbehrt aller jener Elemente, die den Krieg für unsere Epoche so erniedrigt haben, er ist ›ein Kampf ohne Blut, ein Kampf ohne Gewalt, vor allem ein Kampf ohne Lüge‹. Seine Waffe ist einzig die ›*Non-resistance*‹, das Nicht-Widerstehen, die ›heroische Passivität‹, die Tolstoi gefordert, und die

›Non-cooperation‹, die Nicht-Teilnahme an allem Staatlichen und Solidarischen Englands, die Thoreau gepredigt. Nur mit dem Unterschiede, dass Tolstoi, indem er jeden einzelnen isoliert im Sinne des Urchristentums (im praktischen Sinne also zwecklos) sein Schicksal erleiden lässt, zum (meist sinnlosen) Märtyrertum verleitet, indes Gandhi die Passivität von dreihundert Millionen Menschen in einen Widerstand, also eine Tat, zusammenschweißt, wie sie noch niemals irgendeine Nation auf ihrem politischen Wege vorgefunden hat.«

Diese Bewunderung Gandhis, mitunter auch eine aus europäischer Sicht sehnsuchtsvolle Überhöhung, lebt seit Jahrzehnten fort, nun auch über 70 Jahre über seinen Tod hinaus. Albert Einstein richtete 1931 folgende Worte an Gandhi: »Sie haben durch Ihr Wirken gezeigt, dass man ohne Gewalt Großes selbst bei solchen durchsetzen kann, welche selbst auf die Methode der Gewalt keineswegs verzichtet haben. Wir dürfen hoffen, dass Ihr Beispiel über die Grenzen Ihres Landes hinaus wirken und dazu beitragen wird, dass an die Stelle kriegerischer Konflikte Entscheidungen einer internationalen Instanz treten, deren Durchführung von allen garantiert wird. Mit dem Ausdruck aufrichtiger Bewunderung, Ihr Albert Einstein.«

Dies war noch über 15 Jahre bevor Gandhis Ziel, die Beendigung der britischen Kolonialherrschaft in

Indien, erreicht sein sollte. Später sagte Einstein über den Vater der indischen Unabhängigkeit: »Gandhis Ansichten waren die aufgeklärtesten aller politischen Männer unserer Zeit. Wir sollten uns immer weiter bemühen, Dinge in seinem Geist zu tun: nicht Gewalt anwenden, um für unsere Sache zu kämpfen, und nicht an etwas teilzunehmen, von dem [wir] glauben, dass es böse ist.« Und an anderer Stelle: »Künftige Generationen werden es nicht für möglich halten, dass ein solcher Mensch jemals leibhaftig auf unserer Erde wandelte.«

Vielen Menschen in westlichen Ländern wurde Gandhi erst wirklich bekannt durch einen Kinofilm; dieses Los teilt die Erinnerung an Gandhi mit derjenigen mancher anderer, die die Menschheit im Großen oder Kleinen verändert haben, man denke an Oskar Schindler, Sophie Scholl, Lawrence von Arabien oder sogar Wolfgang »Amadeus« Mozart. Der britische Regisseur Richard Attenborough konnte am 30. November 1982 in Neu-Delhi die Weltpremiere seines epochalen Filmes feiern, nachdem er über 20 Jahre – mit Unterbrechungen – mit den Vorbereitungen befasst war. Dieser Film sorgte weltweit für eine erneute, intensive Beschäftigung mit den Lehren und Einsichten Gandhis.

Mohandas Karamchand Gandhi, genannt Mahatma (Große Seele), kam 1869 als Sohn hinduistische Eltern im Nordwesten Indiens zur Welt. Der heutige Bundesstaat Gujarat, in dem sein Geburtsort Porbandar liegt, schließt im Westen an Pakistan an. Mit 13 Jahren wurde Gandhi mit der gleichaltrigen Kasturbai Makanji verheiratet. Sie stammte aus einer angesehenen Familie. Seine Eltern waren der gehobenen Mittelschicht zuzuordnen. Aufgrund seines Fleißes und seines Ehrgeizes in der Schule beschloss die Familie, ihn nach London zu schicken, wo er Jura studierte. 1891 schloss er seine Studien ab, wurde Mitglied der Anwaltskammer und als Barrister zugelassen. Als ein solcher konnte er fortan überall dort, wo britisches Recht herrschte, den Anwaltsberuf ausüben, also im gesamten britischen Imperium. Kurz nach seiner Rückkehr nach Indien, wo er nur bescheidenen Erfolg als Anwalt hatte, schickte ihn seine Familie nach Südafrika, um dort einem Verwandten bei einem juristischen Problem zu helfen. Hier hatte er aufgrund seiner geschickten Verhandlungsführung und seiner Bereitschaft, alle Klienten zu betreuen, großen beruflichen Erfolg. Und hier entwickelte Gandhi seine Ideen des passiven Widerstands gegen Ungerechtigkeit. Aufgrund der von ihm angeleiteten Protestaktionen musste er mehrmals ins Gefängnis. Als er 1915 mit seiner Frau und seinen Kindern nach Indien zurückkehrte, hatte sich die Lage der in Südafrika lebenden Inder durch seinen Einsatz deutlich verbessert. Es dauerte nicht lange, bis er auch in Indien zu einem Anführer im langen Kampf um die Unabhängigkeit des Landes von Großbritannien wurde. Unerschütterlich hielt er dabei an seinen Überzeugungen fest: gewaltloser Protest und religiöse Toleranz. Da es immer wieder zu gewaltsamen Auseinandersetzungen kam, zwischen Hindus und Moslems, zwischen Indern und Briten, griff er wiederholt zum Mittel des Hungerstreiks, um die Parteien zur Einstellung der Kämpfe zu bewegen. Seinen friedlichen Kampf um die Unabhängigkeit Indiens führte er unermüdlich fort, bis 1947 die Engländer ihre Kolonie in die Unabhängigkeit entließen. Entgegen Gandhis Hoffnung und zu seiner erheblichen Verzweiflung wurde der Subkontinent jedoch in das hinduistische Indien und das muslimische Pakistan aufgeteilt. Diese Teilung und die damit einhergehenden Bevölkerungsverschiebungen und religiösen Konflikte führten zu grausamen und blutigen Auseinandersetzungen. Und Gandhi fastete wieder, um das Blutvergießen zu beenden. Ein fanatischer Hindu war es, der ihn im Januar 1948, im Alter von 79 Jahren, mitten in einem belebten Park in Neu-Delhi ermordete.

Wegmarken

SÜDAFRIKA

Als junger Anwalt in Südafrika entwickelte Gandhi seine Überzeugungen von Selbstbestimmung und gewaltlosem Widerstand (Satyagraha). Diese gingen zu einem nicht geringen Teil auf Lew Tolstoi zurück, einem der zu der Zeit einflussreichsten Denker weltweit. Der russische Schriftsteller hatte Ende 1908 auf zwei Briefe von Tarak Nath Das, einem zu der Zeit in Nordamerika lebenden indischen Gelehrten, geantwortet. Dieser Brief – Schreiben Tolstois galten in der Gelehrten-Community vor dem Ersten Weltkrieg als eine Art säkularer Hirtenbrief – machte schnell die Runde, so auch unter einigen der zu der Zeit ca. 60.000 in Südafrika lebenden Indern. Diese litten unter den Repressalien und Demütigungen der Rassentrennung. Gandhi wollte ihn in einer von ihm herausgegebenen Zeitung veröffentlichen, allerdings in seiner Muttersprache Gujarati. Die Bitte, diesen Brief veröffentlichen zu dürfen, verband Gandhi im Oktober 1909 mit seinen damaligen politischen Anliegen:

Mein Herr,
ich erlaube mir, Sie auf Geschehnisse aufmerksam zu machen, die seit beinahe drei Jahren im Transvaal (Südafrika) vor sich gehen.

In dieser Kolonie lebt eine britisch-indische Bevölkerung von fast 13.000 Menschen. Diese Inder leiden seit etlichen Jahren unter verschiedenen gesetzlichen Drangsalierungen. Vorurteile gegen die Hautfarbe und in gewisser Hinsicht gegen alle Asiaten sind in dieser Kolonie sehr ausgeprägt. [...] Der Höhepunkt wurde vor drei Jahren mit einem Gesetz erreicht, das ich und viele andere als erniedrigend betrachteten und das darauf abzielte, diejenigen zu entwürdigen, auf die es zielt. Ich fühlte, dass die Unterwerfung unter ein Gesetz dieser Art im Widerspruch zum Geist wahrer Religion steht. Ich und einige meiner Freunde waren und sind feste Gläubige in der Lehre, dem Bösen keinen Widerstand entgegenzusetzen. Ich hatte das Privileg, auch Ihre Schriften zu studieren, die mich tief beeindruckt haben. Britische Inder, die konsultiert wurden, äußerten den Rat, dass wir uns nicht der Gesetzgebung unterwerfen, sondern Gefängnisstrafen akzeptieren sollten, oder welche anderen Strafen das Gesetz für Verstöße auch vorsehen würde. Im Ergebnis hat fast die Hälfte der indischen Bevölkerung, die die Hitze des Kampfes nicht ertragen und die Strapazen der Inhaftierung nicht ertragen konnte, sich aus dem Transvaal zurückgezogen, um sich nicht dem Gesetz zu unterwerfen, das sie als erniedrigend betrachteten.

Von der anderen Hälfte haben sich fast 2500 aus Gewissensgründen inhaftieren lassen, einige sogar bis zu fünf Mal. Die jeweilige Haftdauer betrug zwischen vier Tagen und sechs Monaten; in den meisten

Südafrika

Fällen als harte Zwangsarbeit. Viele wurden dadurch finanziell ruiniert. Gegenwärtig gibt es im Transvaal über hundert Menschen, die passiv Widerstand leisten. Einige von ihnen waren sehr arm und müssen ihren Lebensunterhalt von Tag zu Tag verdienen. Nun mussten ihre Frauen und Kinder mit Zahlungen unterstützt werden, die größtenteils ebenfalls von passiven Widerstandskämpfern aufgebracht wurden. Dies hat die britischen Inder stark belastet, doch ich denke, sie sind dem gewachsen. Der Kampf geht weiter und man weiß nicht, wann das Ende kommt. Einige von uns haben deutlich erkannt, dass passiver Widerstand dort Erfolg haben kann, wo rohe Gewalt versagen muss. Wir erkennen auch, dass eine Verlängerung der Auseinandersetzung jeweils größtenteils auf unsere eigene Schwäche zurückzuführen ist und daher der Überzeugung der Regierung geschuldet ist, dass wir das fortgesetzte Leiden nicht ertragen können.

Zusammen mit einem Freund bin ich hierhergekommen, um die britischen Hoheitsträger aufzusuchen und ihnen Wiedergutmachung nahezulegen. Passive Widerstandskämpfer wissen, dass Bitten an die Regierung zu nichts führen, aber die Abordnung erfolgte auf Veranlassung der schwächeren Mitglieder der Gemeinschaft, und sie repräsentiert daher eher ihre Schwäche als ihre Stärke. Aber während meiner Zeit hier hatte ich das Gefühl, dass ein Schreibwettbewerb für einen Aufsatz über Ethik und Wirksamkeit des passiven Widerstands die Bewegung popularisieren und zum Nachdenken anregen würde. Ein Freund [...] ist der Meinung, dass eine solche Einladung nicht mit dem wahren Geist des passiven Widerstands vereinbar wäre und dass man am Ende Meinungen erkaufen würde. Darf ich Sie um Ihre Meinung zum Thema Moral bitten? Wenn Sie der Ansicht sind, dass die Einladung von zusätzlichen Beiträgen hilfreich wäre, bitte ich Sie, mir auch die Namen derer mitzuteilen, an die ich mich speziell wenden sollte, um über das Thema zu schreiben.

Es gibt noch eine Sache, deretwegen ich Ihre Zeit in Anspruch nehmen möchte. Eine Kopie Ihres an einen Hindu gerichteten Briefes über die gegenwärtigen Unruhen in Indien wurde mir von einem Freund überbracht. Auf den ersten Blick scheint es Ihre Ansichten deutlich darzustellen. Dieser Freund möchte auf eigene Kosten 20.000 Exemplare drucken und verteilen lassen und den Text auch übersetzen. Wir konnten das Original jedoch nicht sichern, und wir fühlen uns nicht berechtigt, es zu drucken, es sei denn, wir können gewiss sein, dass es Ihr Brief ist. Ich erlaube mir, eine Kopie der Kopie beizufügen, und wäre Ihnen sehr verbunden, wenn Sie mir freundlicherweise mitteilen, ob es sich um Ihr Schreiben handelt, ob es sich um eine genaue Kopie handelt und ob Sie der Veröffentlichung in der oben genannten Weise zustimmen. Wenn Sie dem Brief noch etwas hinzufügen möchten, tun Sie dies bitte. Ich möchte noch einen weiteren Vorschlag machen. Im abschließenden Absatz scheinen Sie den Leser vom Glauben an die Reinkarnation abbringen zu wollen. Ich weiß nicht, ob Sie sich speziell mit dieser Frage befasst haben (wenn es meinerseits nicht unverschämt ist, dies zu erwähnen). Reinkarnation oder Transmigration ist ein wichtiger Teil des Glaubens von Millionen Menschen in Indien, auch in China. Bei vielen von ihnen könnte man fast sagen, er sei eine Frage der Erfahrung, nicht mehr der akademischen Akzeptanz. Er erklärt durchaus die vielen Geheimnisse des Lebens. Bei einigen der passiven Widerstandskämpfer, die durch die Gefängnisse des Transvaal gegangen sind, war dieser Glaube ihr Trost. Ich möchte Sie nicht von der Wahrheit dieser Lehre zu überzeugen versuchen, sondern Sie fragen, ob Sie möglicherweise das Wort »Reinkarnation« von den anderen Aspekten loslösen möchten, von denen Sie Ihren Lesern abgeraten haben. In dem fraglichen Brief haben Sie einiges aus *Krishna* zitiert und Passagen erwähnt. Ich wäre Ihnen dankbar, wenn Sie mir den Titel des Buches nennen könnten, aus dem diese Zitate stammen.

Ich habe Sie mit diesem Brief ermüdet. Ich bin mir bewusst, dass diejenigen, die Sie ehren und sich bemühen, Ihnen zu folgen, kein Recht haben, Ihre Zeit zu missbrauchen, sondern es vielmehr ihre Pflicht ist, Ihnen so weit wie möglich keine Mühsal zu bereiten. Ich habe mir jedoch die Freiheit genommen, Sie dennoch anzusprechen und Ihre Ratschläge zu Problemen einzuholen, deren Lösung Sie zu Ihrem Lebensthema gemacht haben.

Somit verbleibe ich mit allem Respekt
Ihr gehorsamer Diener,
M. K. Gandhi

Gandhi gründete im Jahr 1912 die Tolstoi-Farm auf einem Grundstück, das ihm von seinem deutschen Freund Hermann Kallenbach geschenkt wurde, um die Frauen und Kinder der in Südafrika inhaftierten Widerständler vorübergehend zu versorgen. Sowohl Kallenbach als auch Gandhi hatten diesen ersten Ashram nach Tolstoi benannt, um sich inspirieren zu lassen, ihr Leben nach Tolstois Idealen zu führen.

Als die Farm wuchs, wurde es für notwendig befunden, für die Erziehung ihrer Jungen und Mädchen zu sorgen. Darunter waren Hindu-, Moslem-, Parsi- und Christenjungen und einige Hindu-Mädchen. Es war nicht möglich und ich hielt es nicht für notwendig, jeweils eigene Lehrer für sie zu engagieren. Das war auch nicht möglich, denn qualifizierte indische Lehrer waren rar, und selbst wenn sie verfügbar sein sollten, würde keiner bereit sein, mit einem kleinen Gehalt

Südafrika

an einen Ort zu gehen, der 21 Meilen von Johannesburg entfernt war. Auch bei uns war Geld knapp.

Und ich hielt es nicht für notwendig, Lehrer von außerhalb der Farm zu holen. Ich habe nicht an das bestehende Bildungssystem geglaubt und wollte das wahre System durch Erfahrung und Experimentieren herausfinden. Nur so viel wusste ich, dass unter idealen Bedingungen wahre Erziehung nur von den eigenen Eltern vermittelt werden konnte und dass es deshalb nur ein Minimum an Hilfe von außen geben sollte; dass die Tolstoi-Farm eine Familie war, in der ich den Platz des Vaters besetzte, und dass ich so weit wie möglich die Verantwortung für die Ausbildung der Jugendlichen übernehmen sollte.

Diese Konzeption war zweifellos nicht ohne Mängel. Alle jungen Leute waren seit ihrer Kindheit nie bei mir gewesen, sie waren in unterschiedlichen Verhältnissen und Umgebungen aufgewachsen und gehörten nicht derselben Religion an. Wie könnte ich den jungen Menschen, die unter diesen Umständen leben, uneingeschränkt gerecht werden, selbst wenn ich den Platz des Paterfamilias' einnehme?

Aber ich hatte der Kultur des Herzens oder der Charakterbildung immer den ersten Platz eingeräumt, und da ich überzeugt war, dass moralisches Training für alle gleichermaßen gegeben werden kann, unabhängig von ihrem Alter und ihrer Erziehung, entschloss ich mich, 24 Stunden am Tag unter ihnen zu leben als ihr Vater. Ich betrachtete die Charakterbildung als das richtige Fundament für ihre Ausbildung, und wenn das Fundament fest gelegt sein würde, war ich mir sicher, dass die Kinder alle anderen Dinge selbst oder mithilfe von Freunden lernen konnten.

Da ich aber auch die Notwendigkeit einer literarischen Ausbildung für wichtig erachtete, startete ich mithilfe von Herrn Kallenbach und Pragji Desai einige Kurse. Auch der Körperertüchtigung widmeten wir uns. Dies wurde in den Alltag integriert. Denn auf der Farm gab es keine Bediensteten, und die ganze Arbeit, vom Kochen bis zum Spülen, wurde von den Bewohnern erledigt. Es gab viele Obstbäume, die zu pflegen waren, und es gab genügend Gartenarbeit. Herr Kallenbach war gern im Garten und hatte einige Erfahrungen mit dieser Arbeit in einem der staatlichen Modellgärten gesammelt. Alle, Jung und Alt, die nicht in der Küche beschäftigt waren, mussten im Garten helfen. Die Kinder hatten den Löwenanteil an dieser Arbeit, etwa Gruben graben, Bäume fällen und Ähnliches. Dies gab ihnen reichlich Übung. Sie hatten Freude an der Arbeit und brauchten daher im Allgemeinen keine anderen Übungen oder Spiele. Natürlich waren einige von ihnen, und manchmal auch alle, schlecht gelaunt und mieden die Arbeit. Manchmal habe ich über ihre Streiche gelacht, aber oft war ich streng. Sie mochten die Strenge wohl nicht, aber ich erinnere mich nicht, dass sie sich dagegen gewehrt hätten. Wann immer ich streng war, überzeugte ich sie mit Argumenten davon, dass es nicht richtig war, die Arbeit geringzuschätzen. Dies wirkte freilich nur kurz, im nächsten Moment verließen sie ihre Arbeit wieder und gingen zum Spielen. Trotzdem verstanden wir uns, und auf jeden Fall wurden sie kräftig. Auf der Farm gab es kaum Krankheiten; und gute Luft, Wasser und regelmäßige Essenszeiten waren nicht unwesentlich dafür verantwortlich.

Ein Wort zur Berufsausbildung. Es war meine Absicht, jedem der Jugendlichen nützliche manuelle Kenntnisse beizubringen. Zu diesem Zweck ging Herr Kallenbach in ein Trappistenkloster und lernte dort die Schuhmacherei. Ich lernte es von ihm und brachte es denjenigen bei, die bereit dazu waren. Herr Kallenbach hatte einige Erfahrung in der Tischlerei, und es gab einen anderen Bewohner, der darin kundig war. Also hatten wir eine kleine Tischlerei-Klasse. Kochen konnten fast alle Jugendlichen.

All das war neu für sie. Sie hätten sich nie träumen lassen, diese Dinge eines Tages lernen zu müssen. Im Allgemeinen war die einzige Ausbildung, die indische Kinder in Südafrika erhielten, in den drei Rs [Lesen, Schreiben, Rechnen, d. Hg.].

Auf der Tolstoi-Farm gaben wir die Regel vor, dass die Jugendlichen nicht aufgefordert werden sollten, das zu tun, was die Lehrer nicht taten, und daher gab es immer einen Lehrer, der mit ihnen zusammenarbeitete und tatsächlich mit ihnen arbeitete, wenn sie zu irgendeiner Arbeit aufgefordert wurden. Was auch immer die Jugendlichen lernten, sie lernten fröhlich.

Tag für Tag wurde mir immer klarer, wie schwierig es war, Jungen und Mädchen richtig zu erziehen und auszubilden. Wenn ich ihr wirklicher Lehrer und Wächter sein wollte, musste ich ihre Herzen berühren, ihre Freuden und Leiden teilen, ihnen helfen, die Probleme zu lösen, mit denen sie konfrontiert waren, und ich musste die wachsenden Bestrebungen ihrer jugendlichen Mitstreiter auf den richtigen Weg bringen. Ich bin jedoch der Meinung, dass einige Gelegenheiten dieses drastische Mittel [das Fasten als Buße] erfordern. Aber es setzt einen klaren Kopf und geistige Fitness voraus. Wo es keine wahre Liebe zwischen dem Lehrer und dem Schüler gibt, wo die Delinquenz des Schülers das Wesen des Lehrers nicht berührt hat und wo der Schüler keinen Respekt vor dem Lehrer hat, ist Fasten unangebracht und kann sogar schädlich sein. Obwohl in solchen Fällen Zweifel am Fasten angemessen sein können, besteht kein Zweifel daran, dass der Lehrer für die Fehler seines Schülers verantwortlich ist.

Indien

*Rede zur Einweihung der Hindu-Universität
von Benares*

Gandhis Rede zur Einweihung der Hindu-Universität von Benares in Varanasi vom 6. Februar 1916 war sein erster großer öffentlicher Auftritt in Indien. Gandhi befand sich nach seiner Rückkehr aus Südafrika im Jahr 1915 auf einer längeren Rundreise, um sein Land besser kennenzulernen. Zwar war von seinen früheren Widerstandsaktionen in Südafrika, die ihn dort bereits zu einem einflussreichen Anführer gemacht hatten, ein wenig auch in Indien bekannt geworden, doch erst der Eklat von Benares verschaffte Gandhi einen wahren Popularitätsschub.

Bei der mehrtägigen Einweihungsfeier waren u. a. Annie Besant, britische Vorsitzende der Theosophischen Gesellschaft, Förderin des Indischen National-Congresses (INC) und Gründungsmitglied der Universität von Benares (Gandhi kannte sie bereits aus seiner Zeit in London), sowie der britische Vizekönig Lord Hardinge zugegen. Wegen der Anwesenheit des Vizekönigs waren in der Stadt strenge Sicherheitsvorkehrungen getroffen worden. Als Gandhi seine Rede hielt, präsidierte auf dem Podium der Maharaja von Darbhanga neben weiteren Fürsten und Frau Besant. Frau Besant war auch für den Abbruch der Rede verant-

wortlich, nachdem mehrere Fürsten offenbar empört über Gandhis Ausführungen das Podium verlassen hatten. Die Rede markierte auch den Bruch zwischen Gandhi und Annie Besant, die sich fortan gegen Gandhi stellte, auch als sie 1917 zur Vorsitzenden des Nationalkongresses (Congress) gewählt wurde.

Ich möchte meine demütige Entschuldigung für meine Verspätung aussprechen. Ihr werdet die Entschuldigung annehmen, wenn ich euch sage, dass ich nichts dafür kann noch sonstwer dafür verantwortlich ist. Tatsächlich werde ich derzeit wie ein Tier umhergezeigt und meine überfreundlichen Bändiger übersehen ein notwendiges Kapitel meines Lebens – den reinen Zufall. Auch jetzt waren sie wieder nicht gewappnet für die Serie von Zufällen, die mir, meinen Bändigern und meinen Begleitern widerfahren ist. Deshalb diese Verspätung.

Liebe Freunde, die ihr noch unter dem Eindruck der unnachahmlichen Beredsamkeit meiner Vorrednerin Lady Besant steht, glaubt nicht, dass unsere Universität bereits vollendet ist und dass all die jungen Männer, die nun in eine werdende und wachsende Universität kommen, diese als vollendete Bürger eines großen Imperiums wieder verlassen werden. Freunde, geht heute nicht mit dieser Erwartung auseinander. Und wenn ihr, die vielen Studenten, an die meine Bemerkungen heute Abend gerichtet sind, im

Benares 1916

gegenwärtigen Augenblick meint, das geistige Leben, für welches dieses Land berühmt und konkurrenzlos ist, könne nur durch Reden ausgedrückt werden, dann, glaubt mir, täuscht ihr euch. Ihr werdet nie lediglich durch Reden die Botschaft ausdrücken können, die Indien, wie ich hoffe, dereinst der Welt zu geben in der Lage sein wird. Ich nehme die hier während der letzten beiden Tage gegebenen Vorträge aus, weil sie nötig waren. Aber ich wage es anzufragen, ob wir nicht langsam das Ende unserer Energien fürs Redenhalten erreicht haben. Und es genügt uns kein Ohrenschmaus, es reicht uns nicht, dass sich unsere Augen weiden. Es ist nötig, dass unsere Herzen berührt werden und dass unsere Hände und Füße in Bewegung gesetzt werden. Die letzten beiden Tage wurde uns von der Notwendigkeit erzählt, die Einfachheit des indischen Charakters zurückzugewinnen, und das heißt, dass unsere Hände und Füße sich im Einklang mit unseren Herzen bewegen. Das nur zur Einleitung.

Ich wollte sagen, dass es für mich zutiefst verletzend und beschämend ist, im Schatten dieser großen Universität und in dieser heiligen Stadt zu meinen Landsleuten in einer Sprache zu sprechen, die mir fremd ist. Ich weiß, wäre ich ein Prüfer und hätte ich die zu prüfen, die als Publikum an diesen beiden Tagen die Vorträge besucht haben, dass die meisten von ihnen die Prüfung nicht bestehen würden. Und warum? Weil sie nicht tatsächlich erreicht worden sind.

Wegmarken

Ich habe das Treffen des großen Congresses im letzten Dezember besucht. Da war ein viel größeres Auditorium. Glaubt ihr mir, wenn ich euch erzähle, dass die einzigen Reden, die das große Publikum wirklich begeisterten, diejenigen Reden waren, die auf Hindi gehalten wurden? Und das in Bombay, wohlgemerkt, nicht in Benares, wo jeder Hindi spricht. Und zwischen der Landessprache um Bombay und Hindi existiert keine solch große Scheidelinie wie zwischen Englisch und den Schwestersprachen Indiens. Das Congress-Publikum jedenfalls war eher fähig, den Hindi-Rednern zu folgen. Ich hoffe sehr, dass diese Universität darauf ein Auge hat und dass die Jugendlichen, die sie besuchen und in ihr lernen, dies in ihrer Muttersprache tun können. Unsere Sprache ist der Spiegel von uns selbst, und wenn ihr mir sagt, unsere Sprachen seien zu arm, um die schöpferischsten Gedanken auszudrücken, dann sage ich, je früher unsere Existenz ausgetilgt wird, desto besser für uns. Gibt es hier jemanden, der davon träumt, dass Englisch je die Landessprache Indiens werden kann? *(Zurufe: »Niemals!«)*

Warum diese Bürde für das Land? Denkt nur einen Augenblick darüber nach, welch ungleiches Wettrennen unsere Jugendlichen mit jedem englischen Jugendlichen führen müssen. Ich hatte diesbezüglich die Gelegenheit eines intensiven Gesprächs mit einigen Professoren aus Poona. Sie versicherten mir, dass jeder indische Jugendliche wenigstens sechs kostbare Jahre seines Lebens verliert, weil er sich sein Wissen durch die englische Sprache aneignen muss. Multipliziert das einmal mit der Anzahl der Studierenden aus unseren Schulen und Colleges und findet für euch selbst heraus, wie viele tausend Jahre dem Land verloren gehen. Man wirft uns vor, wir entwikkelten keine Initiative. Wie können wir das je, wenn wir die kostbarsten Jahre unseres Lebens dem Erlernen einer fremden Sprache widmen? Und auch noch bei diesem Versuch scheitern wir. Oder gelang es etwa irgendeinem Redner von uns gestern und heute, das Auditorium so zu beeindrucken wie Mr. Higginbotham? Es war aber nicht deren Fehler, dass sie das Publikum nicht beeindruckten. Sie hatten viel Substanz in ihren Reden. Aber ihre Reden konnten unsere Herzen nicht erreichen. Es wird gesagt, schließlich seien es britisch erzogene Inder, die das Land führten. Und es würde in der Katastrophe enden, wenn es anders wäre. Die einzige Erziehung, die wir erfahren, ist die britische. Dafür müssen wir uns erkenntlich zeigen.

Aber nehmt einmal an, wir hätten uns in den letzten 50 Jahren mittels unserer Landessprachen gebildet, was hätten wir heute davon? Wir hätten heute ein freies Indien, wir hätten unsere Intellektuellen, und zwar nicht als Fremde im eigenen Land, sondern als Menschen, die zu unseren Herzen sprechen können. Sie würden unter den Ärmsten der Armen arbeiten und was immer sie während der vergangenen 50 Jahre an Wissen und Erfahrung angehäuft hätten, wäre ein Erbe der Nation. *(Applaus.)* Heute wird auch unseren Frauen die Partizipation an Bildung vorenthalten. Schaut auf Professor Bose und Professor Ray und ihre brillanten Forschungen. Ist es nicht beschämend, dass sie nicht das gemeinsame geistige Eigentum der Massen werden?

Lasst uns uns nun einem anderen Thema zuwenden.

Der Congress hat eine Resolution über Selbst-Regierung erlassen, und ich hege keine Zweifel, dass das indienweite Congress-Komitee und die Muslim-Liga ihrer Verantwortung gerecht werden und einige greifbare Vorschläge machen. Meinerseits muss ich jedoch frei bekennen, dass ich weniger daran interessiert bin, was das Komitee produziert, als daran, was die Studenten oder die Massen hervorbringen. Kein Papier, keine Deklaration wird uns je Selbst-Regierung bescheren. Und noch so viele Reden und Ansprachen werden uns nicht auf die Selbst-Regierung vorbereiten. Nur unsere eigene Lebensführung wird das tun. *(Applaus.)*

Und wie versuchen wir gegenwärtig uns selbst zu regieren? Ich möchte mich heute Abend deutlich ausdrücken. Wenn ihr meine Rede heute Abend als Rede ohne die nötige Distanz zur Sache empfindet,

Benares 1916

dann bedenkt, dass ihr die Gedanken eines Mannes teilt, der es sich heute erlaubt, vernehmbar und deutlich zu werden. Und wenn ihr denkt, ich überschreite die Grenzen, welche die Höflichkeit mir auferlegt, verzeiht mir die Freiheit, die ich mir nehme. Ich habe gestern den Viswanath Temple besucht und bin durch die nahegelegenen Gassen gegangen. Da kamen mir die folgenden Gedanken: Wenn plötzlich ein Fremder bei diesem Tempel auftauchte und den Zustand der Hindus beurteilen müsste, hätte er nicht ein Recht dazu, uns zu kritisieren? Spiegelt dieser große Tempel nicht etwas von unserem derzeitigen Zustand wider? Ich spreche jetzt als Hindu. Ist es gut, dass die Gassen in unserem heiligen Tempel so verdreckt sind? Die Häuser im Umkreis sind querbeet gebaut worden. Die Gassen sind quälend eng. Wenn schon unsere heiligen Stätten ein Beispiel an Enge und Schmutz sind, wie kann dann unsere Selbst-Regierung anders sein? Werden unsere Tempel automatisch zu Heimstätten des Heiligen, Reinen und Friedvollen, sobald die Briten mit Sack und Pack Indien verlassen haben, ob nun aus eigenem Antrieb oder durch unseren Druck?

Ich stimme voll und ganz mit dem Congress-Präsidenten überein, dass wir die nötigen Verantwortlichkeiten erlernen müssen, bevor wir an Selbst-Regierung denken können. In jeder unserer Städte gibt es neben akzeptablen Stadtvierteln auch noch Slums.

Wegmarken

Meist ist die Stadt ein stinkender Moloch. Wenn wir die Städte zu wirklichem Leben erwecken wollen, können wir nicht einfach das leichtfertige Dorfleben fortsetzen. Es ist nicht gerade angenehm zu sehen, dass sich die Menschen auf den Straßen Bombays ständig davor in Acht nehmen müssen, nicht von den Spucksalven aus den hochgeschossigen Häusern getroffen zu werden. Ich fahre viel mit der Bahn umher. Dabei beobachte ich die Beschwernisse, die die Reisenden in der dritten Klasse auf sich nehmen müssen. Den Bahnbediensteten kann da auch nicht immer für alle Vorkommnisse die Schuld gegeben werden. Wir verhalten uns so, dass wir nicht einmal die hygienischen Mindestanforderungen erfüllen. Überallhin spucken wir aus und denken nicht daran, dass der Waggonboden anderen vielleicht als Schlafplatz dienen soll. Uns schert das nicht, und das Ergebnis ist ein unbeschreiblicher Schmutz in den Abteilen. Und die Passagiere der sogenannten besseren Klassen schüren ihre Vorurteile gegen ihre weniger vom Glück begünstigten Brüder. Unter ihnen sah ich auch Studenten. Und manchmal haben sie sich nicht besser benommen. Sie beherrschen Englisch und tragen Norfolk-Jacken und meinen, dadurch hätten sie das Recht, sich ihren Weg zu bahnen und Sitzplätze zu beanspruchen. Ich finde es wichtig, das zu beleuchten, und da ihr mir die Ehre erwiesen habt, zu euch zu sprechen, lege ich mein Herz offen. Denn

Benares 1916

selbstverständlich müssen wir dieses Verhalten ändern, auf unserem Weg zu einer Selbst-Regierung.

Nun mache ich euch mit einem anderen Milieu bekannt. Seine Majestät der Maharaja, der die gestrigen Beratungen hier leitete, sprach über Indiens Armut. Auch andere Redner machten davon großes Aufheben. Doch was mussten wir erleben, als die Einweihungszeremonie in Anwesenheit des Vizekönigs stattfand? Natürlich eine prunkvolle Show, eine Zurschaustellung von Juwelen – ein Augenschmaus für den Großjuwelier, der aus Paris gekommen war. Nun vergleiche ich einmal die so reichhaltig geschmückten Adligen mit den Millionen unserer Armen. Und ich fühle, dass ich zu diesen Notablen sagen muss: »Es gibt keine Freiheit für Indien, solange ihr eure Juwelen tragt und sie euren indischen Landsleuten vorenthaltet.« (»*Hört, hört*« *und Applaus.*) Ich bin sicher, es ist nicht der Wunsch des Königs oder von Lord Hardinge, dass die Loyalität zum König es gebiete, unsere Juwelenkästchen zu leeren und uns damit von Kopf bis Fuß zu behängen. Ich würde auf eigene Gefahr die Ansicht von König George dazu einholen, dass er nichts dergleichen gebietet.

Hoheit, immer wenn ich von einem großen Palast erfahre, der in einer indischen Stadt gebaut wird, ob nun in Britisch-Indien oder im Indien der Fürstentümer, werde ich sofort eifersüchtig und sage: »Es ist das Geld von den Bauern.« Mehr als 75 Prozent der

Bevölkerung sind Bauern, und Mr. Higginbotham hat uns gestern in seiner eigenen, treffend formulierten Sprache gesagt, dass es die Bauern sind, die zwei Grashalme auf einer Fläche anbauen, die gerade groß genug für einen ist. Es kann nicht viel Geist der Selbst-Regierung in uns sein, wenn wir anderen erlauben, den Bauern nahezu die vollständigen Erträge ihrer Arbeit wegzunehmen. Unsere Befreiung kann nur durch die Bauern kommen. Weder die Anwälte noch die Ärzte, noch die reichen Großgrundbesitzer können sie uns bringen.

Zum Schluss nun bin ich verpflichtet, das aufzugreifen, was uns allen während dieser zwei oder drei Tage durch den Kopf ging. Wir alle erlebten angstvolle Augenblicke, als der Vizekönig durch die Straßen von Benares ging. Es waren viele Polizisten auf vielen Plätzen aufgefahren. Wir waren schockiert. Wir fragten uns: »Warum dieses Misstrauen? Wäre es nicht sogar besser für Lord Hardinge, wenn er sterben müsste, anstatt auf diese Weise lebendig begraben zu sein?« Doch nein, ein Repräsentant des mächtigen Souveräns kann dieses Risiko nicht eingehen. Er mag es sogar notwendig finden, lebendig begraben zu sein. Aber warum war es notwendig, gegen uns diese viele Polizei aufzufahren?

Wir mögen vor Wut schäumen, wir mögen uns ärgern, wir mögen das übelnehmen, doch wir sollten nicht vergessen, dass das heutige Indien in seiner

Benares 1916

Ungeduld eine Armee von Anarchisten hervorgebracht hat. Ich selbst bin Anarchist, aber von einer anderen Art. Denn es gibt eine bestimmte Strömung von Anarchisten unter uns, zu denen ich sagen würde, wenn es mir möglich wäre, sie zu erreichen, dass für ihre Form des Anarchismus kein Platz ist in einem Indien, welches den Eroberer bekämpft. Sie sind ein Zeichen der Angst. Wenn wir jedoch Gott vertrauen, brauchen wir vor niemandem Angst haben, weder vor den Maharajas noch vor den Vizekönigen, noch vor den Polizisten, nicht einmal vor König George. Ich achte diesen Anarchisten für seine Liebe fürs Land. Ich achte seinen Mut und seine Entschlossenheit, für dieses Land zu sterben, aber ich frage ihn: Ist das Töten ehrbar? Ist der Dolch des Attentäters ein angemessener Grund für einen ehrbaren Tod? Ich verneine das. Es gibt keine Rechtfertigung für solche Mittel in irgendeiner Schrift. Wenn ich es für die Befreiung Indiens notwendig fände, dass die Briten sich zurückzögen, dass sie rausgeschmissen werden müssten, würde ich nicht zögern zu erklären, dass sie gehen müssten, und ich hoffe, ich wäre fähig, für dieses Ziel mein Leben einzusetzen. Das wäre meiner Ansicht nach ein ehrbarer Tod. Der Bombenwerfer aber braucht die geheime Verschwörung, meidet die Öffentlichkeit und zahlt bei einer Festnahme den Preis für seinen fehlgeleiteten Eifer. Man hat mir entgegengehalten: »Hätten wir das nicht getan, hätten einige nicht Bomben geworfen, hätten wir niemals irgendwelche Erfolge in der Bewegung gegen die Teilung Bengalens erzielt.« *(Frau Besant: »Hören Sie damit auf.«) (Gandhi an Frau Besant:)* Diese Dinge habe ich auch in Bengalen bei einer Versammlung unter Vorsitz von Mr. Lyons diskutiert. Ich denke, dass das notwendig ist. Wenn mir das Wort entzogen wird, werde ich das akzeptieren. *(Dreht sich zum Vorsitzenden.)* Ich erwarte Ihre Anweisung. Wenn Sie meine Ansprache als dem Land und dem Imperium nicht dienlich empfinden, werde ich abbrechen. *(Zurufe: »Weitersprechen!«) (Vorsitzender: »Bitte erklären Sie ihre Ausführungen.«)* Ich erkläre ja meine Ausführungen. Ich bin nur ... *(Weitere Unterbrechung.)*

(Ans Publikum:) Meine Freunde, bitte ärgert euch nicht über diese Unterbrechung. Wenn Frau Besant heute Abend meint, ich solle aufhören, dann tut sie das, weil sie Indien auf solche Weise liebt, dass sie glaubt, ich würde einen Fehler begehen, so deutlich vor euch Jugendlichen zu reden. Wie dem auch sei, ich will Indien ja nur von dieser Atmosphäre des Misstrauens auf allen Seiten reinigen. Wenn wir unser Ziel erreichen wollen, sollten wir ein Imperium haben, das auf gegenseitiger Liebe und auf gegenseitigem Vertrauen basiert. Ist es nicht besser, wir diskutieren auf ehrliche Weise unter dem Dach dieser Universität anstatt auf unverantwortliche Weise in

unseren Familien? Ich denke, es ist viel besser, dass wir diese Dinge frei und offen diskutieren. Und ich habe das bereits bei früheren Gelegenheiten getan, mit exzellenten Ergebnissen übrigens. Ich weiß, es gibt nichts, was die Studenten nicht diskutieren. Es gibt nichts, was die Studenten nicht wissen. Deshalb beleuchte ich unseren eigenen gegenwärtigen Zustand. Mir ist das Schicksal dieses Landes so lieb und teuer, dass ich diese Gedanken mit euch austausche und euch die Frage stelle, ob es keinen Grund für Anarchismus in Indien gibt. Lasst uns frei und offen sagen, was immer wir unseren Regierenden sagen wollen, und lasst uns den Folgen entgegensehen, wenn es ihnen nicht gefällt. Aber missbrauchen wir die Redefreiheit nicht. Ich sprach einmal mit einem Mitglied des stark diskreditierten Civil Service. Ich habe mit den höheren zivilen Verwaltungsbeamten nicht viel gemein, aber ich konnte nicht umhin, die Art, wie er zu mir sprach, zu bewundern. Er sagte: »Herr Gandhi, hatten Sie je die Überzeugung, wir alle, die höheren zivilen Beamten, seien ein schlimmer Haufen, dass wir die Menschen unterdrücken wollen, die wir regieren?« »Nein«, sagte ich. »Dann bitte ich Sie, wenn sie einmal die Gelegenheit dazu haben, legen Sie doch ein gutes Wort für den diskreditierten Civil Service ein.« Hier bin ich nun, um dieses gute Wort einzulegen. Ja, viele Angestellte des Indian Civil Service sind ganz bewusst anmaßend, sie benehmen sich tyrannisch, oftmals gedankenlos. Viele weitere Adjektive könnte ich anführen. Ich weiß um diese Dinge, und ich weiß auch darum, dass einige von ihnen nach einigen Jahren Dienst in Indien irgendwie herabgewürdigt werden. Aber was sagt uns das? Sie waren Gentlemen, als sie hierherkamen. Wenn sie einen Teil ihres moralischen Charakters aufgegeben haben, reflektiert das nur unseren eigenen Zustand. *(Zurufe: »Nein«.)* Denkt nur an euch selbst: Wenn ein Mensch, der gestern noch freundlich gewesen, jähzornig wurde, nachdem er mich getroffen hat, ist er dafür verantwortlich, dass er sich so gewandelt hat, oder bin ich es nicht selbst? Die Atmosphäre des Kriechertums und der Lüge, die die Civil-Service-Leute empfängt, wenn sie nach Indien zurückkehren, demoralisiert sie. Und auch uns würde das demoralisieren. Manchmal ist es besser, sich selbst die Verantwortlichkeit aufzubürden. Wenn wir die Selbst-Regierung erreichen wollen, müssen wir uns verantwortlich verhalten. Sonst bekommen wir nie die Selbst-Regierung. Seht auf die Geschichte des britischen Imperiums und der britischen Nation. Freiheitsliebend, wie sie ist, will sie ihrerseits die Freiheit keinem Volk gewähren, das sie nicht selbst nimmt. Zieht eure Lehren, wenn ihr wollt, aus dem Burenkrieg. Diejenigen, die die Feinde des Imperiums waren, sind nur wenige Jahre später seine Freunde geworden ... *(erneute Unterbrechung.)*

Benares 1916

An diesem Punkt, so ein Bericht, begannen Frau Besant und einige Fürsten, das Podium zu verlassen. Gandhi musste seine Ansprache endgültig beenden. Später stellte er Frau Besant in einem Privatgespräch zur Rede und meinte, sie hätte ihn doch ausreden lassen und sich ohne weiteres von seinen Aussagen distanzieren können. Sie jedoch warf ihm vor, er habe auf unentschuldbare Weise – und dies als geladener Gast – alle, die auf dem Podium saßen, kompromittiert.

Frau Besant sollte nicht die letzte Unterstützerin der indischen Unabhängigkeitsbewegung bleiben, die sich mit Gandhi überwarf. Aber seine Entschlossenheit und sein mit den Jahren anwachsendes Charisma ließen ihn zur alles entscheidenden Figur im Machtkampf mit den britischen Kolonialherren werden. Seine genaue Kenntnis englischer Gepflogenheiten, die er sich während seiner Studienzeit in London erworben hatte, half ihm dabei entscheidend. Seine Stellung innerhalb der Unabhängigkeitsbewegung sollte bald unanfechtbar sein. Und seinen Worten lauschte man überall – ob geschrieben oder in einer seiner zahllosen Ansprachen.

Gandhis Konfrontationen mit den britischen Kolonialherrschern waren von einem ständigen Wechsel von Forderungen, Maßnahmen und Gegenmaßnahmen geprägt. Gandhi war einerseits ein geschickter

Wegmarken

Taktierer, der viele seiner Erfolge dem Grundsatz verdankte, seinen Gegner nicht das Gesicht verlieren zu lassen, ihm aber auch kaum eine Atempause zu gönnen. Denn er war stets bemüht, Zeitpunkt und Gegenstand der Auseinandersetzungen selbst zu bestimmen. Zwischen 1919 und 1922 veröffentlichte Gandhi eine Vielzahl grundlegender Artikel in Zeitschriften, die er selbst herausgab. In diesen Artikel entwickelte Gandhi im Wesentlichen sein Programm der Nichtzusammenarbeit und des gewaltlosen Widerstandes. Sie führten auch, wie von Gandhi immer wieder beabsichtigt, zu seiner mehrmaligen Verhaftung und Verurteilung zu Gefängnisstrafen. Diese Prozesse und Gefängnisaufenthalte festigten seinen Status unter der Bevölkerung Indiens.

Die folgenden Aufsätze, offenen Briefe und Reden legen Zeugnis ab von seinem Auftreten gegenüber seinen Anhängern und den Briten, die er beständig herausforderte, bis sie schließlich, nach Jahrzehnten der Auseinandersetzungen, nachgaben und Indien 1947 in die Unabhängigkeit entließen.

Wie die Nichtzusammenarbeit ins Werk zu setzen ist

Der beste Weg, die Befürchtungen zu zerstreuen und die Kritiken zu beantworten, die Nichtzusammenarbeit hervorgerufen hat, mag darin bestehen, das System der Nichtzusammenarbeit einmal eingehender darzustellen. Die Kritiker scheinen sich vorgestellt zu haben, dass die Organisatoren sich vorgenommen hätten, den ganzen Plan auf einmal auszuführen. In Wirklichkeit aber haben die Schöpfer des Gedankens vier aufeinanderfolgende, doch voneinander fest abgegrenzte Stufen bestimmt. Die erste besteht in der Niederlegung aller Titel und in der Aufgabe aller ihrer Ämter. Wird dadurch noch keine Wirkung erzielt, oder ist die Wirkung ungenügend, so werden die Maßnahmen der zweiten Stufe durchgeführt. Das erfordert aber eingehende Vorbereitung. Selbstverständlich dürfen die Beamten nur dann von ihrer Stelle abberufen werden, wenn sie entweder sich und die ihrigen erhalten können, oder wenn ihnen das Kalifat-Komitee genügend Mittel dafür zur Verfügung stellen kann. Es werden auch nicht alle Beamtenklassen auf einmal zur Arbeitsniederlegung aufgefordert, und nie darf auf einen Angestellten Druck ausgeübt werden, auf dass er den Regierungsdienst verlasse. Die Privatangestellten werden von der Sache gar nicht berührt, da die Bewegung sich nicht gegen die Engländer selbst richtet. Nicht einmal gegen die Regierung. Denn die Zusammenarbeit wird nur deshalb entzogen, damit das Volk nicht Teilhabe an einem Unrecht – einem Wortbruch! – hat, an der Verletzung eines religiösen Gefühls. Natürlich für die Bewegung beeinträchtigt, wenn irgendwelche ungerechtfertigte Beeinflussung der Beamten versucht würde oder wenn Mitglieder des Volkserziehungsausschusses einen solchen Zwang ausüben oder begünstigen wollten. Dieses zweite Stadium muss vollen Erfolg haben, wenn es einheitlich durchgeführt wird. Denn keine Regierung – und am wenigsten die indische – kann sich halten, wenn das Volk aufhört, sich ihr zur Verfügung zu stellen. Darum ist auch die dritte Stufe, der Austritt aus Polizei und Militär, eine noch weit entfernte Etappe. Die Organisatoren aber wünschen aufrichtig zu sein und jeder Verdächtigung zu entgehen. Sie wollen der Regierung oder dem Publikum auch nicht einen Schritt vorenthalten, den sie in Erwägung gezogen haben, und würde es sich auch nur um eine entfernte Möglichkeit handeln. Die vierte Stufe endlich, die Steuerverweigerung, liegt in noch weiterer Ferne. Die Organisatoren sind sich dessen wohl bewusst, dass diese Maßregel mit den größten Gefahren verbunden ist. Voraussichtlich wird sie einige der leichter reizbaren Gruppen der Bevölkerung mit der Polizei in Konflikt bringen. Die Führer werden vermutlich erst dann

Nichtzusammenarbeit

dazu greifen, wenn sie sicher sind, dass vonseiten des Volkes keine Gewalttaten zu fürchten sind.

Ich gebe zu, wie ich es auch schon früher getan habe, dass Nichtzusammenarbeit nicht ohne Risiko ist. Doch ist das Risiko einer Untätigkeit angesichts schwerer Entscheidungen unendlich viel größer als die Gefahr etwaiger Gewalttaten, die aus der Organisierung der Nichtzusammenarbeit entspringen könnten. Nichts unternehmen heißt Gewalttaten mit Sicherheit herbeiführen.

Durch meine »Allianz« mit den Moslems hoffe ich ein dreifaches Ziel zu erreichen: Erstens Gerechtigkeit zu erlangen von den stärkeren Gegnern durch Satjagraha und so die Überlegenheit dieses Verfahrens darzutun, zweitens den Hindus die Freundschaft der Moslems und dadurch den inneren Frieden zu sichern und drittens – last, not least – Feindseligkeiten zu verwandeln in Zuneigung zu den Engländern und deren Verfassung, die trotz aller Unvollkommenheit gar manchem Strom getrotzt hat. Vielleicht erreiche ich keines der drei Ziele. Ich kann nichts als es versuchen. Gott allein kann den Erfolg geben. Man wird nicht bestreiten können, dass die Ziele alle gleich sind. Ich rufe die Hindus und die Engländer auf, sich von Herzen mit mir zu vereinen in dem Bestreben, den Moslems Indiens eine schwere Last abzunehmen, unter der sie seufzen. Zugegebenermaßen ist der Kampf ein gerechter Kampf. Der Vizekönig, der

Staatssekretär, der Maharadscha von Bikaner und Lord Sinha haben es bezeugt. Die Zeit ist gekommen, die nötigen Folgerungen zu ziehen. Ein Volk kann sich in einer gerechten Sache mit einem bloßen Protest zufriedengeben. Es gibt Völker, die für ihre gerechte Sache gestorben sind. Sollte ein so sinnliches Volk wie die Moslems dessen nicht auch fähig sein?

Überwindung der Furcht

Sobald ein Volk die Gewalt nicht mehr fürchtet, wird die Regierung sie als zwecklos aufgeben. Nur die aber machen sich von der Furcht vor Gewalt frei, die fest entschlossen sind, sich nicht selber anzuwenden. Gewöhnlich sehen die Machthaber Gewaltakte des Volkes nicht ungern. Die Regierungskunst besteht im Allgemeinen darin, diejenigen Machtmittel zur Verfügung zu haben, die es braucht, das Volk in Furcht zu versetzen. Eine Regierung kann nur dann der Allgemeinheit dienen, wenn sie auf dem Willen und der Zustimmung des Volkes beruht. Sie wird jedoch zum Werkzeug der Unterdrückung, wenn sie mit der Spitze des Bajonetts Gehorsam erzwingt. Die Unterjochung hört aber auf, sobald das Volk aufhört, die Bajonette zu fürchten. Und gerade das bedeutet Satjagraha ja gerade: unberührt zur Wahrheit zu stehen, auch angesichts überwältigender Gegenkräfte – sei es roher Gewalt einer Regierung oder unvernünftiges Vorurteil oder kleinliche Tyrannei einer Kaste.

Die Lehre vom Schwert

In diesem unserem Zeitalter der hohen Kraft kann man es fast nicht für möglich halten, dass jemand den Glauben an den entscheidenden Sieg der brutalen Gewalt abzulehnen bereit war. Und so erhalte ich denn anonyme Briefe, die mir raten, den Fortgang der Nichtzusammenarbeit auch dann nicht aufzuhalten, wenn sie zu Ausschreitungen des Volkes führen würde. Andere kommen in der Annahme zu mir, dass ich im Geheimen unter dem Mantel der Gewaltfreiheit einen gewalttätigen Aufstand vorbereite, und wollen wissen, wann der freudige Tag erscheine, an dem ich zur offenen Gewalt übergehen werde. Sie versichern, dass die Engländer nur der offenen oder heimlichen Gewalt weichen würden. Noch andere endlich halten mich, wie mir wohl bekannt ist, für den abgefeimtesten tristen Bösewicht im ganzen Reiche, weil ich meine wahren Absichten immer verberge. Sie zweifeln nicht daran, dass ich so gut wie alle anderen an die Gewalt glaube.

Da solcher Art die Macht ist, die die Lehre vom Schwert auf den Großteil der Menschen ausübt, da der Erfolg der Nichtzusammenarbeit hauptsächlich von der Ablehnung jeder Gewalt abhängt, dann meiner Ansicht in diesen Dingen die Haltung vieler Menschen beeinflussen wird, ist mir sehr daran gelegen, sie so klar wie möglich darzustellen.

Ich glaube, dass ich da, wo nur die Wahl bliebe zwischen Feigheit und Gewalt, zur Gewalt raten würde. Als ich im Jahr 1908 angegriffen und beinahe getötet wurde, fragte mich mein ältester Sohn, was er hätte tun sollen, wenn er dabei gewesen wäre, ob er hätte davonlaufen sollen und aus der Ferne zusehen, wie ich getötet würde, oder ob er mich unter Aufwand seiner Körperkraft hätte verteidigen sollen. Ich antwortete ihm, dass es seine Pflicht gewesen wäre, mich zu verteidigen – selbst unter Anwendung von Gewalt. Aus dieser Überlegung heraus habe ich den Burenkrieg mitgemacht, den sogenannten Zuluaufstand und den Weltkrieg. Aus dieser Überlegung heraus rate ich allen denen, die an die Gewalt glauben, sich im Gebrauch der Waffen zu üben. Ich würde lieber sehen, dass Indien zu den Waffen griffe, um seine Ehre zu verteidigen, als dass es ein feiger und hilfloser Zeuge seiner eigenen Entehrung würde und bliebe.

Deswegen glaube ich, dass Gewaltfreiheit der Gewalt unendlich überlegen ist. Vergeben ist männlicher als bestrafen. Selbstüberwindung aber ist Vergeben nur da, wo die Macht zu strafen vorhanden ist.

Die Lehre vom Schwert

Vergeben ist bedeutungslos, wo es von einem wehrlosen Wesen scheinbar gewährt wird. Bei einer Maus kann man schwerlich sagen, sie vergebe der Katze, wenn sie es zulässt, dass sie in Stücke zerrissen wird. Ich kann deshalb die Gefühle ihrer Wut verstehen, die eine gerechte Bestrafung von General Dyer und seinesgleichen verlangen. Wenn sie könnten, würden sie ihn in Stücke reißen. Gleichwohl glaube ich nicht, dass Indien hilflos ist. Ich halte mich selber auch nicht für eine hilflose Kreatur. Ich möchte nur Indiens Kraft und meine eigene einem besseren Zwecke vorbehalten.

Man soll mich nicht missverstehen. Stärke entstammt nicht körperlicher Fähigkeit. Stärke entstammt einem unbeugsamen Willen. Der Zulu ist sicher den Engländern an körperlicher Kraft überlegen. Er flieht aber selbst vor einem englischen Knaben, weil er den Revolver fürchtet, den der Knabe gebrauchen könnte oder ein anderer für ihn. Er fürchtet den Tod und ist deshalb kraftlos, ungeachtet seiner gewaltigen Gestalt. Wir Inder können uns ohne weiteres vorstellen, dass 100.000 Engländer es nicht nötig haben, 300 Millionen menschlichen Wesen Angst einzujagen. Ein entschiedenes Vergeben bedeutet also entschiedenes Erkennen unserer Stärke. In der Erleuchtung des Vergebens muss eine mächtige Woge von Kraft in uns aufquellen, die es einem Dyer oder Frank Johnson verunmöglichen würde, Schmach und Schande auf Indiens in Ergebenheit geneigtes Haupt zu häufen. Es kümmert mich wenig, dass ich für den Augenblick mein Ziel nicht erreichen kann. Noch fühlen wir uns allzu sehr niedergetreten, um keinen Zorn und keinen Rachedurst zu empfinden. Doch darf ich nicht ablassen, zu sagen, dass Indien nur gewinnen kann, wenn es auf das Recht zu strafen verzichtet. Wir haben Besseres zu tun, eine größere Mission zu erfüllen in der Welt.

Ich bin kein Seher. Ich behaupte, ein *praktischer Idealist* zu sein. Die Religion der Gewaltfreiheit ist nicht nur für die *rischi* und die Heiligen gedacht. Gewaltfreiheit ist das Gesetz unserer Art wie Gewalt das Gesetz der Bestie. Der Geist schlummert in der Bestie, sodass sie kein anderes Gesetz kennen kann als das der physischen Kraft. Die Würde des Menschen fordert Gehorsam gegenüber einem höheren Gesetz – dem des Geistes.

Darum habe ich es unternommen, in Indien das alte Gesetz der Selbstaufopferung wiederaufzurichten. Denn Satjagraha und seine Schößlinge Nichtzusammenarbeit und ziviler Widerstand sind nur neue Namen für das Gesetz des Leidens. Die *rischi*, die das Gesetz der Gewaltfreiheit mitten in einer Welt der Gewalt entdeckten, waren größere Genies als Newton, größere Feldherren als Wellington. Selber geübt im Gebrauch der Waffen, erkannten sie deren Nutzlosigkeit und lehrten eine geplagte Welt, dass ihr Heil nicht in der Gewalt liege, sondern in der Gewaltfreiheit.

Gewaltfreiheit bedeutet in ihrer Auswirkung bewusstes Leiden. Sie bedeutet nicht Unterwerfung unter den Willen des Übeltäters, sondern Einsetzen der ganzen Seelenkraft gegen den Willen des Tyrannen. Sofern er sich in seinen Werken durch dieses Gesetz bestimmen lässt, ist es auch einem Einzelnen möglich, die ganze Macht eines tyrannischen Reiches herauszufordern, seine Ehre, seine Religion, seine Seele zu verteidigen, und dadurch Anstoß zu werden für dieses Reiches Zusammenbruch oder Neuerstehen.

Also verlange ich nicht von Indien, Gewaltfreiheit zu üben, weil es schwach ist. Ich verlange von ihm, Gewaltfreiheit zu üben aus dem Bewusstsein seiner Kraft und Macht heraus. Es bedarf keiner Übung im Gebrauch der Waffen, um diese Kraft und Macht auszuüben. Wir meinen, es nötig zu haben, weil wir, wie es scheint, in uns Menschen nichts weiter zu sehen vermögen als Fleischklumpen. Ich möchte, dass Indien erkenne, dass es eine Seele hat, die nicht untergehen wird, die sich vielmehr siegreich erheben kann über eine leibliche Gebrechlichkeit und die den vereinigten körperlichen Kräften einer ganzen Welt zu trotzen vermag. – Da ich jedoch ein praktischer Mensch bin, möchte ich nicht warten, bis Indien die Möglichkeit einer Anwendung des Geistes in der Politik einsieht. Mag sich Indien nun vor den Maschinengewehren, Panzern und Flugzeugen der Engländer auch hilflos und ohnmächtig vorkommen, mag es sich im Gefühl dieser seiner Schwäche zur Nichtzusammenarbeit bekennen, so wird die Nichtzusammenarbeit doch den gleichen Zwecken dienen: Sie wird dem Land auf jeden Fall die Befreiung bringen – von dem vernichtenden Gewicht der englischen Ungerechtigkeit, sofern sich ihr eine ausreichende Zahl von Menschen anschließt.

Ich unterscheide die Nichtzusammenarbeit auch vom Sinnfeinertum [Anspielung auf die irische Unabhängigkeitsbewegung Sinn Fein, die sich ca. 1905 gebildet hat, d. Hg.], denn so, wie sie gedacht ist, kann sie unmöglich mit der Gewalt Hand in Hand gehen. Aber ich möchte sogar die Anhänger der Gewalt auffordern, mit der friedlichen Nichtzusammenarbeit einen Versuch zu machen. Nicht aus innewohnender Schwäche könnte sie versagen, wohl aber wegen ungenügender Beteiligung. Dann allerdings wäre der Augenblick wirklicher Gefahr gekommen. Hochmütige Männer, die die Demütigung ihres Volkes nicht länger ertragen könnten, würden ihrem Zorn freien Lauf lassen. Sie werden zur Gewalt greifen. Soweit ich zu sehen vermag, müssten sie untergehen, ohne sich selbst oder ihr Land von der Unterdrückung erlöst zu haben. Wenn Indien der Lehre des Schwertes folgt, mag es einen Augenblickserfolg erringen, doch wird es dann aufhören, der Stolz meiner Seele zu sein. Ich bin Indien unauflöslich verbunden, da ich ihm alles verdanke. Ich glaube fest daran, dass ihm eine Mission für die Welt übertragen wurde. Es darf Europa nicht blindlings nachahmen. Wenn Indien sich dem Schwert anheimgibt, wird für mich die Stunde der Prüfung gekommen sein. Ich hoffe, dann nicht zu versagen. Meine Religion kennt keine Landesgrenzen. Wenn der Glaube in mir lebendig ist, wird er selbst meine Liebe zum Vaterland übertreffen. Mein Leben ist dem Dienst Indiens geweiht in der Religion der Gewaltfreiheit, die nach meiner Überzeugung die Grundlage des Hinduismus ist.

Heute möchte ich denen, die mir nicht trauen, ernstlich nahelegen, den ruhigen Gang des Kampfes, der eben begonnen hat, nicht zu stören durch Anstiftung zu Gewalt in der Annahme, dass ich Gewalt wünsche. Ich verabscheue die Heimlichtuerei als eine Sünde. Sie mögen die gewaltfreie Nichtzusammenarbeit sich auswirken lassen, dann werden Sie sehen, dass ich keinerlei Hintergedanken dabei hatte.

An die Engländer in Indien, Teil I

Liebe Freunde,
es würde mich freuen, wenn jeder Engländer diesen Aufruf lesen und ernstlich darüber nachdenken wollte.

Wegmarken

Gestattet, dass ich mich Euch zuerst vorstelle. Ich darf in aller Bescheidenheit sagen, dass nach meiner Ansicht kein Inder so wie ich während 29 Jahren öffentlichen Lebens ununterbrochen mit der englischen Regierung Hand in Hand gegangen ist, und zwar angesichts von Verhältnissen, die wahrscheinlich jeden anderen Menschen zu einem Rebellen gemacht hätten. Ich bitte Euch, mir zu glauben, dass ich zu solcher Mitarbeit nicht gedrängt wurde aus Furcht vor der Strafe, die Eure Gesetze vorsehen, oder aus anderen selbstsüchtigen Motiven. Es war freiwillige Mitarbeit, und sie beruht auf dem Glauben, dass die Tätigkeit der englischen Regierung im Großen und Ganzen genommen Indiens Wohlergehen bezweckt. Viermal habe ich für die Sache des Reiches mein Leben gewagt: während des Burenkrieges, als ich ein Sanitätskorps leitete, dessen Leistungen in General Bullers Berichten erwähnt worden sind, während des Zuluaufstandes in Natal, als ich ein ähnliches Korps führte, zu Beginn des Weltkrieges, da ich wieder ein Sanitätskorps organisierte und infolge der großen Anstrengung an einer schweren Lungenentzündung erkrankte, endlich als ich in Erfüllung meines Lord Chelmsford anlässlich der Kriegskonferenz in Delhi gegebenen Versprechens mich im Kaira-Distrikt so energisch für die Rekrutierung einsetzte, dass ich einem Ruhr-Anfall erlag, der beinahe eine schlimme Wendung genommen hätte. Alles das tat ich im fes-

An die Engländer in Indien (I)

ten Vertrauen, dass Handlungen wie die meinigen meinem Lande zur Gleichstellung mit den übrigen Gliedern des Reiches verhelfen müssten. Noch bis zum Dezember letzten Jahres trat ich kräftig für ein vertrauensvolles Zusammenarbeiten ein. Ich war des unerschütterlichen Glaubens, dass Lloyd George sein den Moslems gegebenes Versprechen einlösen und dass die Enthüllungen über die Pandschab-Gräuel den Pandschabiten volle Genugtuung sichern würde. Aber Lloyd Georges Verrat und Eure Zustimmung dazu sowie die nachsichtige Beurteilung der begangenen Grausamkeiten haben mein Vertrauen in die guten Absichten der Regierung der Nation, die diese Regierung trägt, vollends erschüttert.

Ist aber auch mein Glaube an Eure ehrlichen Absichten dahin, so anerkenne ich immer noch Eure Tapferkeit. Und ich weiß, dass Ihr das, was Ihr der Gerechtigkeit und Vernunft vorenthaltet, der Tapferkeit freudig gewährt.

Lasst Euch denn sagen, was die britische Herrschaft für Indien bedeutet:

Ausbeutung der indischen Hilfsquellen zugunsten des Reiches.

Ständig wachsende Ausgaben für das Militär und für eine Verwaltung, die die teuerste Zivilverwaltung der ganzen Welt ist.

Verschwenderisches Gebaren jedes Departements in äußerster Missachtung der Armut des Volkes.

Entwaffnung und daher konsequente Entwürdigung eines ganzen Volkes aus Furcht, dass ein bewaffnetes Volk das Leben der paar Engländer in unserer Mitte gefährden könnte.

Handel mit berauschenden Getränken und giftigen Drogen zum Zweck des Unterhaltes einer Administration, deren Kostspieligkeit nach oben zunimmt.

Gesetzgebung, die immer entschiedener Maßregeln schafft zur Unterdrückung einer wachsenden Agitation, die der Verzweiflung des Volkes Ausdruck zu geben versucht.

Schmachvolle Behandlung der Inder, die in den Dominions leben.

Und nun habt Ihr, indem Ihr die Verwaltung des Pandschab maßlos gelobt habt und Euch über die Empfindungen der Moslems lustig machet, unsere Gefühle aufs tiefste missachtet.

Ich weiß, Ihr werdet uns Achtung nicht versagen, wenn wir kämpfen und Eurer Hand das Zepter kämpfend entwinden könnten. Ihr wisst, dass wir machtlos sind, denn Ihr habt uns selber der Fähigkeit beraubt, in offener und ehrenvoller Schlacht zu kämpfen. Tapferkeit im Kampf auf dem Schlachtfeld ist uns also genommen. Tapferkeit der Seele ist uns geblieben. Ich weiß, Ihr seid auch dieser Tapferkeit zugänglich. Mein ganzes Streben ist jetzt darauf gerichtet, diese Tapferkeit zu erwecken. Nichtzusammenarbeit bedeutet nichts als Erziehung zur Selbstaufopferung.

An die Engländer in Indien (I)

Wie sollten wir länger mit Euch zusammenarbeiten, da wir doch wissen, dass wir durch die Verwaltung dieses großen Landes von Tag zu Tag tiefer in die Sklaverei gestoßen werden?

Ihr sucht ein Mittel, dieser Aufwallung eines nationalen Gefühls zu unterdrücken. Ich erlaube mir, Euch zu sagen, dass es nur auf eine Weise zu unterdrücken ist: durch Beseitigung der Ursachen. Noch habt Ihr die Macht dazu. Ihr könnt Lloyd George zwingen, sein Versprechen einzulösen. Ich kann Euch versichern, dass er sich die nötigen Hintertüren offengelassen hat. Ihr könnt den Vizekönig zwingen, einem Besseren Platz zu machen, Ihr könnt Eure Ansichten in Bezug auf Sir Michael O'Dwyer und General Dyer ändern. Ihr könnt die Regierung zwingen, eine Konferenz der anerkannten Volksführer – soweit sie in unanfechtbarer Weise gewählt worden und alle Schattierungen der öffentlichen Meinung vertreten – einzuberufen, damit man über die Möglichkeit berate, Swaradsch zu gewähren in Übereinstimmung mit den Wünschen des Volkes.

Das alles aber könnt Ihr nur, insofern Ihr jeden Inder in Tat und Wahrheit als Euresgleichen als Euren Bruder anseht. Ich bitte nicht um Gunst und Gnade. Ich deute Eeuch nur als aufrichtiger Freund die ehrenvolle Lösung eines schweren Problems an. Eine andere Lösung – nämlich Unterdrückung – steht Euch frei. Ich kann vorhersagen, dass sie fehlschlagen

wird. Ihr habt damit begonnen: Schon hat die Regierung zwei tüchtige Männer von Panipat eingekerkert, als sie ihre Ansicht öffentlich ausgesprochen und aufrechterhalten haben. Einem anderen wird aus dem gleichen Grund in Lahore der Prozess gemacht. In einem Distrikt ist einer schon einer Haftstrafe verurteilt worden, ein anderer sieht der Verurteilung entgehen. Ihr müsst wissen, was in Eurer Mitte vor sich geht. Wir aber wollen mit der Propaganda unserer Sache der Unterdrückung zuvorkommen. Wählet den besseren Weg und schließt Euch dem indischen Volke an, dessen Gastfreundschaft Ihr genießt. Wer sein Streben zu durchkreuzen sucht, handelt unehrlich an dem Lande.
Ich bleibe in Treue Euer Freund
M. K. Gandhi

Arbeitsbedingungen

Zwei Wege stehen heute Indien offen: entweder den Grundsatz »Macht ist Recht« der europäischen Völker anzunehmen oder dem Grundsatz der östlichen Volker treu zu bleiben, dass allein die Wahrheit erobert, dass die Wahrheit nicht irrt und dass der starke und der schwache den gleichen Anspruch auf Gerechtigkeit haben. Vor allen anderen haben die arbeitenden Klassen diese Wahl zu treffen. Auch wenn

Arbeitsbedingungen

es möglich wäre, dass die Arbeiter durch die Anwendung von Gewalt eine Lohnerhöhung durchsetzen könnten, dürften sie nicht zu etwas greifen, das nach Gewalt aussieht, so berechtigt ihr Begehren auch sein möge. Sich Rechte durch Gewalt sichern kann als bequemer Weg erscheinen, aber auf die Länge erweist er sich als dornenvoll. Die durch das Schwert leben, werden durch das Schwert umkommen. Wer sich dem Wasser anvertraut, kann ertrinken. Man schaue auf Europa. Niemand scheint dort glücklich zu sein, denn keiner ist zufrieden. Der Arbeiter misstraut dem Kapitalisten, und der Kapitalist hat kein Vertrauen in den Arbeiter. Beide besitzen eine Art von Kraft und Stärke – aber auch die Stiere besitzen sie. Sie kämpfen sich durch bis zum bitteren Ende. Nicht jede Bewegung ist Fortschritt. Wir haben nicht den geringsten Anlass, zu glauben, dass die Völker Europas fortschreiten. Ihr Geld und Gut spricht nicht für besondere sittliche oder geistige Fähigkeiten.

Was wollen wir denn tun? Die Arbeiter in Bombay leisteten tapferen Widerstand. Ich war nicht in der Lage, alle Tatsachen kennenzulernen. So viel aber sah ich ein, dass sie den Kampf auf eine bessere Art hätten führen können. Die Spinnereibesitzer mögen völlig im Recht sein. Man darf im Allgemeinen sagen, dass im Kampf zwischen Kapital und Arbeit die Kapitalisten im Unrecht sind. Aber wenn es der Arbeit gelingt, ihre Macht auszuüben, kann sie, wie ich weiß, tyrannischer werden als das Kapital. Wenn die Arbeiter über die Intelligenz der Spinnereibesitzer verfügten, müssten die Spinnereibesitzer unter den Bedingungen arbeiten, die ihnen die Arbeiter vorschreiben würden. Es ist aber klar, dass die Arbeiterschaft nie jene Intelligenz erlangen kann. Wäre das der Fall, so würde die Arbeiterschaft aufhören, Arbeiterschaft zu sein und selber Herr werden. Die Kapitalisten kämpfen nicht allein mit Kraft und Geld. Sie verfügen über Intelligenz und Takt.

Die vorliegende Frage lässt sich folgendermaßen formulieren: Was sollen die Arbeiter unternehmen, wenn sie zwar bleiben, was sie sind, aber ein gewisses Selbstbewusstsein entwickeln? Es wäre selbstmörderisch, wenn sich die Arbeiter auf ihre Zahl und ihre brutale Kraft, d. h. Gewalt, verlassen wollten. Wenn sie es tun, fügen Sie der Industrie des Landes Schaden zu. Wenn sie sich dagegen an die reine Gerechtigkeit halten und bereit sind, für die Erlangung dieser Gerechtigkeit in eigener Person zu leiden, werden sie nicht nur den Erfolg davontragen, sondern auch ihre Herren bessern, die Industrie dahin entwickeln, dass beide, Herren und Arbeiter, als Glieder ein und derselben Familie erscheinen. Eine befriedigende Lösung der Arbeitsbedingungen müsste Folgendes umfassen:

1. Neben den Arbeitsstunden müssen dem Arbeiter einige Stunden der Erholung bleiben.

Arbeitsbedingungen

2. Den Arbeitern muss die Möglichkeit eigener Bildung gewährt werden.
3. Für Nahrung, Kleidung und Erziehung ihrer Kinder sollte Ihnen der nötige Zuschuss gewährt werden.
4. Den Arbeitern sollten gesunde Wohnungen zur Verfügung gestellt werden.
5. Sie sollten in der Lage sein, so viel auf die Seite zu legen, dass sie sich in ihren alten Tagen erhalten können.

Keine dieser Bedingungen wird heute erfüllt. Dafür sind beide Teile verantwortlich zu machen. Die Herren kümmern sich nur um die Leistungen ihrer Arbeit. Was aus den Arbeitern selber wird, ist ihnen gleichgültig. Ihre Bemühungen beschränken sich fast immer darauf, ein Maximum an Leistung für ein Minimum an Bezahlung zu erreichen. Der Arbeiter andererseits besinnt sich auf alle Kniffe, durch die er ein Maximum von Zahlung für ein Minimum von Arbeit erlangen kann. Infolgedessen vermag der Zuwachs an Lohn keine Vervollkommnung und Vergrößerung der Leistung zu erzielen. Die Beziehungen zwischen den beiden Teilen sind nicht klar, und die Arbeiter machen nicht den rechten Gebrauch von dem Lohnzuwachs, den sie erhalten.

Zwischen diesen beiden Parteien ist eine dritte entstanden. Sie ist zum Freund der Arbeiter geworden. Es gibt ein Bedürfnis für eine solche Partei.

Aber die Arbeiter werden sich nur so weit mit ihr befreunden, als sie ihnen uneigennützige Freundschaft entgegenbringt.

Wir leben in einer Zeit, wo man in mehr als einer Weise die Arbeit als Pfand zu verwirklichen sucht. Der Umstand muss von denen in Betracht gezogen werden, die sich an der Politik beteiligen wollen. Was werden Sie wählen? Ihr eigenes Interesse oder den Dienst an der Arbeit und der Nation? Die Arbeit bedarf dringend der Freunde. Sie kann unter Führung keine Fortschritte machen. Der Charakter der Männer, die diese Führung übernehmen, wird für die Arbeiterfrage von entscheidender Bedeutung sein.

Streik, Arbeitseinstellung und Hartal [eine von Gandhi entwickelte Form des Generalstreiks, d. Hg.] sind ohne Zweifel wundervolle Waffen, aber sie können leicht missbraucht werden. Die Arbeiter sollten sich zu straffen Arbeiterverbänden vereinigen und unter keinen Umständen in einen Streik treten ohne Zustimmung dieser Verbände. Auch sollten den Streiks Unterhandlungen mit den Fabrikbesitzern vorangehen. Wenn die Fabrikbesitzer sich einem Schiedsgericht unterziehen wollen, so sollte das Prinzip der Pantschajat angenommen werden. Und wenn einmal die Pantsch bezeichnet sind, muss ihre Entscheidung von beiden Parteien gleicherweise anerkannt werden, ob es ihnen passt oder nicht.

An die Engländer in Indien, Teil II

Liebe Freunde, es ist das zweite Mal, dass ich mich an Euch wende. Ich weiß, dass die meisten unter Euch die Nichtzusammenarbeit hassen, aber ich möchte Euch nur bitten, sofern Ihr mir Ehrenhaftigkeit zubilligen könnt, zwei meiner verschiedenen Unternehmungen für sich und ohne Bezug auf die anderen zu betrachten.

Ich kann meine Ehrlichkeit nicht beweisen, wenn Ihr sie nicht fühlt. Einige meiner indischen Freunde beschuldigen mich der Spiegelfechterei, insofern ich sage, wir sollten nicht die Engländer hassen, sondern nur das System, das sie in Indien errichtet haben. Ich möchte versuchen, ihnen zu zeigen, dass man die Schlechtigkeit eines Bruders verabscheuen kann, ohne ihn deswegen zu hassen. Jesus klagte die Schriftgelehrten und Pharisäer der Schlechtigkeit an, aber er hasste sie nicht. Nicht für sich allein aber verkündigte er dieses Gesetz, den Menschen zu lieben, das Böse im Menschen jedoch zu hassen, er verkündigte es für die ganze Welt und zu allgemeiner Anwendung. Tatsächlich finde ich es auch in allen übrigen heiligen Schriften der Welt.

Ich glaube sagen zu dürfen, dass ich die menschliche Natur sorgfältig studierte und meine eigenen Fehler scharf untersuchte. Dabei habe ich gefunden, dass der Mensch mehr wert ist als das System, dass er entwirft. Und so weiß ich denn auch, dass Ihr als Einzelne genommen unendlich besser seid als das System, das Ihr als Gesamtheit entwickelt. Jeder einzelne meiner Landsleute in Amritsar war an jenem 10. April besser als die Menge, deren Glied er war. Als einzelner Mensch wäre jeder davor zurückgeschreckt, die unschuldigen englischen Bankdirektoren zu töten. Aber in jener Menge vergaß mancher sich selbst. Ähnlich verhält es sich mit dem Engländer, der als Beamter anders ist denn als Privatmann. Ebenso ist auch der Engländer in England verschieden von dem Engländer in Indien. Hier in Indien gehört jeder einem System an, dessen Niederträchtigkeit gar nicht zu beschreiben ist. Es ist mir deshalb möglich, das System in den schärfsten Ausdrücken zu verurteilen, ohne Euch deshalb für schlecht zu halten und ohne Euch jede Menge schlechte Absichten zu unterschieben. Ihr seid ebenso sehr Sklaven des Systems. Ich möchte deshalb, dass Ihr mir gleiches Recht zubilligt und mir keine Absichten unterschiebt, die Ihr in meinen Schriften nicht finden könnt. Ich decke Euch alle meine Absichten und Beweggründe auf, wenn ich sage, dass ich ungeduldig bin, ein System zu bessern oder zu beseitigen, das einerseits bewirkt, dass Indien sich einer Handvoll Engländer ausgeliefert findet, und andererseits, dass sich die Engländer nur im Schatten ihrer Festungen – die man in Indien wahrhaftig nicht übersehen

An die Engländer in Indien (II)

kann – sicher fühlen. Es ist für Euch und für uns ein entwürdigendes Schauspiel. Unser öffentliches Leben beruht auf gegenseitigem Misstrauen und gegenseitiger Furcht. Ihr werdet zugeben, dass das unmännlich ist. Ein System, das für einen solchen Zustand verantwortlich ist, kann nicht anders als teuflisch sein. Ihr solltet in der Lage sein, als ein Teil des indischen Volkes in Indien zu leben und nicht immer nur als fremde Ausbeuter. Für einen Engländer, der getötet wird, müssen 1000 Inder sterben – das ist ein Ausspruch schwärzester Verzweiflung, und doch wurde er, Ihr könnt mir das glauben, im Jahr 1919 von den Höchsten unter Euch getan.

Ich fühle mich fast versucht, Euch zu bitten, Euch mit mir zu vereinigen in der Zerstörung eines Systems, das uns beide, Euch und uns, langsam zugrunde richtet. Aber ich kann es heute noch nicht. Wir haben uns noch nicht als ernst, aufopferungsfähig und selbstbeherrscht genug erwiesen, um solche Vollkommenheit zu beanspruchen.

Aber ich ersuche Euch, uns beizustehen in unserem Boykott der ausländischen Stoffe und in unserem Kampfe gegen die Trunksucht.

Die Stoffe von Lancashire wurden, wie englische Historiker gezeigt haben, Indien aufgezwungen, und seine eigenen weltberühmten Manufakturen wurden überlegt und systematisch zerstört. Indien ist nur deshalb nicht nur von Lancashire abhängig, sondern auch von Japan, Frankreich und Amerika. Seht doch einmal zu, was das für Indien bedeutet. – Wir müssen jedes Jahr 600 Millionen Rupien für Stoffe außer Landes schicken. Baumwolle genug für unseren eigenen Bedarf. Ist es nicht einfach Wahnsinn, die Baumwolle aus Indien fortzuschicken damit sie auswärts zu Stoffen verarbeitet wird, die dann wieder in Indien eingeführt werden? War es recht, Indien in einen solchen hilflosen Zustand zu versetzen?

Vor 150 Jahren noch stellten wir alle unsere Stoffe selber her. Unsere Frauen spannen in ihren eigenen Hütten feine Garne und ergänzten dadurch den Verdienst der Männer. Die Dorfweber woben diese Garne. Es war ein unentbehrlicher Teil der Volkswirtschaft in einem großen, ackerbautreibenden Land wie dem unsrigen. Es ermöglicht uns, in natürlicher Weise unsere Freizeit zu nutzen. Heute haben unsere Frauen die Kunstfertigkeit ihrer Hände verloren, und die erzwungene Untätigkeit von Millionen hat eine Verarmung des Landes bewirkt. Viele Weber sind Straßenkehrer geworden. Andere haben sich anwerben lassen. Das Geschlecht der Kunstweber ist zur Hälfte ausgestorben, und die übrigen verarbeiten importiertes Garn in Ermangelung des feineren handgesponnen Garnes.

Vielleicht begreift Ihr nun, was der Boykott der ausländischen Stoffe für Indien bedeutet. Er soll keine Strafe sein. Wenn auch die Regierung das Unrecht

An die Engländer in Indien (II)

heute wiedergutmachte, das sie den Moslems und den Pandschab angetan und Indien sofort zum Swaradsch verhelfe, müsste der Boykott gleichwohl weitergeführt werden. Swaradsch bedeutet doch zum allermindesten die Möglichkeit für Indien, seine Industrien zu erhalten, die für die ökonomische Existenz unerlässlich sind, und eine Einfuhr zu verbieten, die diese Existenz bedroht. Landwirtschaft und Handspinnen sind die beiden Lungen unseres nationalen Körpers. Sie müssen unter allen Umständen vor der Vernichtung bewahrt werden.

In dieser Sache dürfen wir nicht länger warten. Die Interessen der ausländischen Fabrikanten der indischen Importeure haben nicht mitzusprechen, wenn das ganze Volk darbt aus Mangel an einer allgemein zugänglichen und einträglichen Beschäftigung, die die Landwirtschaft ergänzen kann.

Es wäre ein Irrtum, wolltet Ihr die Bewegung als Boykott aller ausländischen Waren auffassen. Indien wünscht sich nicht dem internationalen Handel zu verschließen. Andere Fabrikate als Kleider, Fabrikate, die außerhalb Indiens besser hergestellt werden können, muss Indien gern entgegennehmen zu Bedingungen, die für beide Teile vorteilhaft sind. Nichts kann Indien aufgezwungen werden. Doch möchte ich jetzt nicht nach der Zukunft schauen. Ich halte es für gewiss, dass es Indien und England in absehbarer Zeit möglich sein wird, unter gleichen Bedingungen zusammenzuarbeiten. Dann ist die Zeit da, um über die Handelsbeziehungen zu reden. Heute erbitte ich Euren Beistand für unser Bemühen, einen Boykott der ausländischen Stoffe durchzuführen.

Von ähnlicher Wichtigkeit ist der Kampf gegen das Trinken. Mit den Branntweinbuden ist dem Land ein unerträglicher Fluch aufgezwungen worden. Noch nie zeigte das Volk so viel Verständnis für diese Frage wie heute. Ich gebe zu, dass in dieser Sache die indischen Minister wirksamer helfen könnten als Ihr. Doch wäre es mir recht, Ihr würdet Euch darüber klar und deutlich aussprechen. Unter jeder Regierung wird das Volk, soweit ich es zu sehen vermag, auf dem totalen Verbot beharren. Ihr könnt die zunehmende Bewegung unterstützen, indem Ihr Euren Einfluss zugunsten des Volkes geltend macht.

Selbsterkenntnis

Verschiedene Briefschreiber haben mich in beschwörendem Ton ersucht, keinen Selbstmord zu begehen, wenn im Januar Swaradsch noch nicht erreicht sein und ich mich dann noch auf freiem Fuß befinden sollte. Ich finde, dass die Sprache die Gedanken nur unzureichend ausdrückt, besonders wenn die Gedanken selber unklar oder unvollständig sind. Was ich geschrieben habe, war nach meiner Ansicht klar.

Selbsterkenntnis

Doch sehe ich nun, dass die Übersetzung von vielen missverstanden worden ist. Auch das Original selbst ist dem gleichen Schicksal nicht entgangen.

Ein gewichtiger Grund des Missverständnisses liegt darin, dass ich sozusagen als vollkommener Mensch angesehen werde. Freunde, die meine Leidenschaft für die Bhagavad-Gita kennen, haben passende Verse ausgesucht und ausgeführt, wie die Drohung, Selbstmord begehen zu wollen, den Lehren widerspreche, die ich in meinem Leben zu befolgen versuche. Alle diese meine Mentoren scheinen zu vergessen, dass ich nur ein Sucher der Wahrheit bin. Ich glaube, auf dem rechten Weg zu sein. Ich glaube, mich unablässig zu bemühen, sie zu finden. Aber ich gebe zu, dass ich sie bis jetzt noch nicht gefunden habe. Die Wahrheit finden heißt sich selbst verwirklichen, sein Schicksal erfüllen, mit anderen Worten: vollkommen werden. Ich bin mir meiner Unvollkommenheiten schmerzlich bewusst, und in dieser Erkenntnis liegt alle Kraft, über die ich verfüge, denn es ist selten, dass ein Mensch seine Grenzen kennt.

Wenn ich ein vollkommener Mensch wäre, würde ich, ich gebe es zu, das Elend der Nächsten nicht selbst empfinden. Als ein vollkommener Mensch bräuchte ich nur davon Notiz zu nehmen und könnte auch schon ein Heilmittel verschreiben und dessen Annahme erzwingen durch die Kraft der unanfechtbaren Wahrheit in mir. Bis jetzt indessen sehe ich bloß trüb wie durch ein Glas, und es braucht deshalb langsamer und mühevoller Anstrengungen, um andere zu überzeugen, und auch dann gelingt es mir nicht immer. Da dem nun so ist, wäre ich des Menschennamens nicht würdig, wenn ich mit all meiner Einsicht in vermeidbares Elend, das unser Land erfüllt, und im Anblick der zu bloßen Skeletten abgemagerten Menschen in Gottes herrlicher Natur nicht für und mit all den stumm dahinleidenden Millionen Indiens fühlte. Die Hoffnung auf ständiges Abnehmen dieses Elendes hält mich aufrecht. Aber angenommen, dass ich mit all meiner Empfindlichkeit für Leid, für Freude und Schmerz, für Kälte und Hitze, und mit all meinem Drang, die heilsame Botschaft vom Spinnrad in die Herzen zu tragen, immer nur die Ohren und nie die Herzen erreicht habe, angenommen, dass ich am Ende des Jahres die Leute in Bezug auf die gegenwärtige Möglichkeit, Swaradsch mithilfe einer friedlichen Revolution durch das Spinnrad zu erlangen, immer noch so skeptisch fände, wie sie heute sind, angenommen weiter, ich hätte erkannt, dass die Erregung der letzten zwölf Monate bloß Erregung und Anregung gewesen, nicht aber fester Glaube an das Programm? Angenommen endlich, dass die Friedensbotschaft die Herzen der Engländer immer noch nicht durchdrungen – sollte ich da nicht meine *Tapasja* bezweifeln und meinen Wert, den Kampf anzuleiten, einsehen? Was soll ich als aufrichtiger Mensch tun? Soll ich nicht in aller Demut vor dem Schöpfer niederknien und ihn bitten, diesen unnützen Körper hinwegzunehmen und ein besseres Werkzeug aus mir zu machen, dass ihnen diene?

Der Form nach besteht Swaradsch in einem Wechsel der Regierung und deren tatsächlicher Überwachung durch das Volk. Dem Gehalt nach, den ich ersehne, in entschiedener Annahme der neuen Methoden, also in einer wirklichen Änderung der Gesinnung vonseiten des Volkes. Ich bin dessen gewiss, dass es nicht Jahrhunderte braucht, bis die Hindus den Irrtum der Unmittelbarkeit überwunden, bis die Hindus und Moslems die Feindschaft abgetan und Freundschaft des Herzens angenommen als dauernden Bestandteil des nationalen Lebens, bis sie alle zusammen das Spinnrad als einziges universales Mittel erkannt haben, Indiens ökonomische Rettung zu sichern, und glauben, dass Gewaltfreiheit der einzige Weg zu Indiens Freiheit ist. Entschiedene, einsichtige und freie Annahme dieses Programmes durch die Nation erachte ich als nötig zur Gewinnung des Gehaltes. Die Form, das äußere Zeichen: Übertragung der Macht, wird sicher folgen, so gut wie der Baum sich aus dem Samen entwickelt, der in rechter Weise in den Boden gelegt wird.

So wird denn der Leser erkennen, dass das, was ich gelegentlich meinen Freunden gegenüber bemerkte – zum ersten Mal in Pune – und dann anderen gegenüber wiederholte, nichts anderes war als ein Eingeständnis meiner Unvollkommenheiten, ein Ausdruck meines Gefühls, dass ich der großen Sache unwürdig sei, die ich gegenwärtig zu leiten scheine. Ich habe keine Doktrin der Verzweiflung ausgesprochen. Im Gegenteil war ich noch nie so zuversichtlich wie jetzt, da ich schreibe, dass wir Swaradsch seinem Gehalt nach noch in diesem Jahr erlangen werden. Als *praktischer Idealist* habe ich mir zu gleicher Zeit vorgenommen, mich nie mehr würdig zu erachten, eine Sache zu führen, wenn ich mir die Fähigkeit zu solcher Führung nicht zutrauen kann. Die Lehre von einem Wirken, das von selbstischen Wünschen und irdischen Rücksichten frei ist, bedeutet ebenso wohl hartnäckige Befolgung der Wahrheit als auch ein Zurückkommen auf seine Schritte, nachdem man sich eines Irrtums bewusst geworden ist, und leidlosen Verzicht auf Führerschaft, nachdem man die eigene Unwürdigkeit erkannt hat. Ich habe nur meine Sehnsucht andeuten wollen, mich selbst in das Ewige zu verlieren und ein bloßer Klumpen Lehm in des göttlichen Töpfers Hand zu werden, damit mein Dienen zuverlässiger werde, weil nicht mehr gestört durch das niedrigere Selbst in mir.

Gandhis Erklärung bei seinem Prozess
am 18. März 1922

Ich schulde wohl der indischen Öffentlichkeit und der Öffentlichkeit Englands, zu deren Beruhigung das Verfahren hauptsächlich aufgenommen wurde, die Erklärung, warum ich aus einem eifrigen Loyalisten und Zusammenarbeiter ein unerbittlicher Fechter der Abwendung von der Regierung und überzeugter Anhänger der Nichtzusammenarbeit geworden bin. Dem Gericht muss ich erklären, warum ich mich der Anklage auf Begünstigung der Abneigung gegen die gesetzmäßige Regierung schuldig bekenne.

Es waren unruhige Zeiten, als ich im Jahr 1893 in Südafrika ins öffentliche Leben eintrat. Meine erste Berührung mit den englischen Behörden jenes Landes war nicht eben glücklich. Ich musste entdecken, dass ich als Mensch und Inder keine Rechte besaß. Besser ausgedrückt: Ich entdeckte, dass ich keine Rechte hatte als Mensch, weil ich ein Inder war.

Aber ich ließ mich nicht aus der Fassung bringen. Ich nahm an, diese Behandlung der Inder sei der Auswuchs eines Systems, das in seinem Wesen gut sei. Ich bot der Regierung meine freiwillige und aufrichtige Mitarbeit an, kritisierte sie allerdings, wo ich sie im Irrtum sah, wünschte aber nie, sie zu beseitigen.

Als darum im Jahr 1899 das Reich durch die Herausforderung der Buren in seinem Bestand bedroht wurde, anerbot ich meine Dienste, stellte eine Freiwilligenambulanz zusammen und beteiligte mich an verschiedenen Aktionen, die zur Entsetzung von Ladysmith unternommen wurden. In gleicher Weise bildete ich im Jahr 1906 zur Zeit des Zuluaufstandes eine Krankenträgerabteilung und diente bis zur Unterdrückung der »Rebellion«. In beiden Fällen wurde ich durch Medaillen ausgezeichnet und in den offiziellen Berichten erwähnt. Für meine Wirksamkeit in Südafrika wurde mir von Lord Hardinge die goldene Kaisar-i-Hind-Medaille verliehen. Als im Jahr 1914 der Krieg zwischen England und Deutschland ausbrach, bildete ich in London ein Ambulanzkorps aus den dort lebenden Indern, meistens Studenten. Ihre Dienste wurden von den Behörden als wertvoll anerkannt. Zuletzt bemühte ich mich, als im Jahr 1918 an der Kriegskonferenz von Delhi Lord James Ford einen besonderen Aufruf zugunsten der Rekrutierung erließ, auf Kosten meiner Gesundheit in Kheda ein Korps zu bilden und erreichte mein Ziel, als die Feindseligkeiten eingestellt und Befehl gegeben wurde, keine weiteren Truppen auszuheben. Bei all diesen Bemühungen wurde ich getrieben von dem Glauben, dass es mir durch solche Dienste beschieden sei, für meine Landsleute vollkommene Gleichberechtigung mit allen übrigen Gliedern des Reiches zu erlangen.

Der erste Stoß wurde diesem Gefühl durch die Rowlatt-Gesetze versetzt, Gesetze, die bestimmt wa-

Erklärung beim Prozess im März 1922

ren, dem Volk jede Freiheit zu rauben. Ich fühlte mich gezwungen, eine kraftvolle Agitation dagegen einzuleiten. Dann folgten die Pandschab-Gräuel, die mit dem Gemetzel von Dschallianwala einsetzten und ihren Höhepunkt erreichten in Befehlen, die die Angeklagten an den Boden zwangen, in öffentlichen Auspeitschungen und anderen nicht zu beschreibenden Demütigungen. Ich erkannte auch, dass das Versprechen, das der Premierminister den Moslems Indiens in Bezug auf die Integrität der Türkei und die heiligen Stätten des Islam gegeben hatte, schwerlich eingelöst würde. Ungeachtet aber dieser Vorzeichen und der ernsten Warnungen vonseiten meiner Freunde anlässlich des Kongresses von Amritsar im Jahr 1919 trat ich für Zusammenarbeit ein und wirkte mit an den Montagu-Chelmsford-Reformen, immer in der Hoffnung, dass der Premierminister sein Versprechen, das er den Moslems Indiens gegeben hatte, doch noch einlösen werde, dass die Wunde des Pandschab geheilt würde, und im Glauben, dass die Reformen, so unzureichend und unbefriedigend sie immer sein mochten, den Anbruch einer Ära der Hoffnung auf ein neues Leben in Indien bedeuten.

Alle diese Hoffnungen aber wurden erschüttert. Das Kalifat-Versprechen wurde nicht eingelöst. Die Verbrecher im Pandschab wurden reingewaschen, und die am meisten Schuldigen gingen nicht nur straflos aus, sondern blieben auch in ihren Stellungen, einzelne von ihnen bezogen weiterhin Pensionen aus dem indischen Steuereinkommen, und einige wurden sogar belohnt. Ich sah auch ein, dass die Reformen nicht nur keine Änderung der Gesinnung bewirkten, sondern dass in ihnen sogar eine neue Methode zu sehen war, Indien auszusagen und seine Knechtschaft zu verlängern.

Gegen meinen Willen kam ich zur Überzeugung, dass die Verbindung mit England Indien noch hilfloser gemacht hat, als es je gewesen ist, politisch und ökonomisch. Ein entwaffnetes Indien ist machtlos einem Angreifer gegenüber, dem es im offenen Kampf gegenübertreten möchte. So sehr trifft dies zu, dass einige der besten Männer Indiens glauben, es bedürfe mehrerer Generationen, ehe Indien den Zustand erreichen könne, der für ein Dominion Voraussetzung ist. Indien ist so arm geworden, dass es den Hungersnöten keinen Widerstand mehr leisten kann. Ehe die britischen Eroberer kamen, spann und wob Indien in seinen Millionen von Hütten und erwarb damit gerade den Zuschuss, den es zur Ergänzung seines bescheidenen Einkommens aus der Landwirtschaft brauchte. Diese Heimindustrie, die so lebenswichtig ist für Indien, ist durch unglaubliche Härte und unmenschliche Maßnahmen zerstört worden, wie englische Zeugen selbst zugeben. Die Stadtbewohner wissen kaum, wie die erschöpften Massen Indiens langsam in Kraft- und Mutlosigkeit versinken. Sie

Erklärung beim Prozess im März 1922

wissen kaum, dass ihr Wohlleben die Provision von der Arbeit bedeutet, die diese Massen für den fremden Ausbeuter leisten, dass die Gewinne und die Maklergebühren aus den Massen herausgepresst werden. Sie wissen kaum, dass die gesetzmäßige Regierung Indiens auf dieser Ausbeutung der Massen beruht. Nicht durch Spitzfindigkeiten noch durch Taschenspielerstückchen können die Beweise wegerklärt werden, die die zu Skeletten abgemagerten Bewohner vieler Dörfer dem Auge entgegenhalten.

Ich zweifle nicht daran, dass wenn es einen Gott im Himmel gibt, sowohl der Engländer als auch der Stadtbewohner Indiens zur Rechenschaft gezogen wird für dieses Verbrechen, dem in der Geschichte kein anderes gleichkommt. Sogar das Gesetz dieses Landes muss dem fremden Ausbeuter dienen. Meine vorurteilslose Prüfung der Fälle, die unter den Kriegszustand in Pundschab zur Aburteilung kamen, hat mich davon überzeugt, dass wenigstens 95 Prozent der Schuldigerklärungen durchaus falsch sind. Meine Erfahrungen in Bezug auf politische Verurteilungen in Indien zwingen mich zu dem Schluss, dass in neun von zehn Fällen die Verurteilten völlig unschuldig sind. Ihr Verbrechen besteht in der Liebe zu ihrem Land. In 99 von 100 Fällen wurde den Kindern, die gegen Europäer geklagt haben, vor den indischen Gerichten die Gerechtigkeit verweigert. Das ist keine übertriebene Schilderung. Es ist die Erfahrung nahezu eines jeden Inders, der in die Lage gekommen ist, Klage gegen einen Engländer erheben zu müssen. Nach meiner Auffassung prostituierte sich dadurch die Behörde in der Anwendung des Gesetzes bewusst oder unbewusst zugunsten der Ausbeuter.

Das größte Unglück ist es, dass die Engländer und ihre indischen Genossen in der Verwaltung des Landes nicht wissen, dass sie mitbeteiligt sind an dem Verbrechen, das ich versucht habe zu schildern. Ich bin überzeugt, dass viele englische und indische Beamte mir nicht glauben, dass sie eines der besten Systeme verwalten, das in der Welt ersonnen wurde, und dass Indien stetige, wenn auch langsame Fortschritte mache. Sie wissen nicht, dass ein undankbares, aber wirksames System von Terrorismus und eine organisierte Zurschaustellung von Macht auf der einen und die Wegnahme jeder Möglichkeit zur Vergeltung oder Selbstverteidigung auf der anderen Seite das Volk entwürdigt haben und es zur gewohnheitsmäßigen Verstellung getrieben. Diese scheußliche Gewohnheit hatte zur Unwissenheit und Selbsttäuschung der Beamtenschaft beigetragen. Paragraf 124 A, aufgrund dessen ich das Glück habe, angeklagt zu sein, ist vielleicht der Fürst unter allen politischen Paragrafen des indischen Strafgesetzes, die dazu bestimmt sind, die Freiheit der Bürger zu unterdrücken. Zuneigung kann nicht durch Gesetze hervorgebracht oder beeinflusst werden. Wenn einer

Erklärung beim Prozess im März 1922

keine Zuneigung empfindet für irgendeine Person oder ein System, sollte es ihm freistehen, seiner Abneigung vollen Ausdruck zu verleihen, solange er nicht beabsichtigt, zu Gewalt überzugehen oder dazu aufzurufen. Der Paragraf, aufgrund dessen Mr. Banker und ich angeklagt werden, gehört zu denen, die schon die bloße Förderung der Abneigung als Verbrechen erklären. Ich habe einige der Fälle geprüft, die wegen dieses Paragrafen zur Aburteilung kamen, und habe gesehen, dass ihm mehrere der feurigsten indischen Patrioten zum Opfer gefallen sind. Ich betrachte es deshalb als einen Vorzug, aufgrund gerade dieses Paragrafen angeklagt zu sein. Ich habe versucht, in gedrängter Ausführung die Gründe meiner Abneigung zu geben. Ich hege persönlich keine Abneigung gegen auch nur einen einzigen Beamten, noch viel weniger hege ich Abneigung gegen die Person des Königs. Aber ich halte es für eine Tugend, mich von einer Regierung zu trennen, die im Ganzen genommen Indien mehr Schaden zugefügt hat als eines der früheren Systeme. Indien ist unter der britischen Herrschaft weniger leistungsfähig als je zuvor. Da dies mein Glaube ist, wäre es eine Sünde, Zuneigung zu dem System zu empfinden. Und ich habe es als kostbare Gunst betrachtet, dass es mir gegeben war, niederzuschreiben, was ich in den verschiedenen Artikeln niedergeschrieben habe, die nun als Beweis gegen mich benutzt werden.

Ja, ich glaube Indien und England einen Dienst erwiesen zu haben, indem ich Ihnen in der Nichtzusammenarbeit den Weg zeigte aus einem unnatürlichen Zustand, in dem wir beide leben. Nach meiner bescheidenen Meinung ist Nichtzusammenarbeit mit dem Bösen ebenso Pflicht wie Zusammenarbeit mit dem Guten. In der Vergangenheit aber hat sich Nichtzusammenarbeit immer in vorsätzlicher Anwendung von Gewalt gegen den Übeltäter ausgewirkt. Ich habe es unternommen, meinen Landsleuten zu zeigen, dass gewaltsame Nichtzusammenarbeit die Übel nur vergrößert und dass – da das Böse nur durch Gewalt erhalten wird – die Ablehnung einer Unterstützung des Bösen völlige Enthaltung von Gewalt verlangt. Gewaltfreiheit verlangt freiwillige Unterwerfung unter die Strafe, die Nichtzusammenarbeit mit dem Bösen nach sich zieht. Darum stehe ich hier, um die schwerste Strafe zu verlangen und mich ihr freudig zu unterziehen, die mir auferlegt werden kann für das, was nach dem Gesetz ein ausgemachtes Verbrechen, was mir aber als höchste Pflicht des Bürgers erscheint. Ihnen, Herr Richter, bleibt nur die Wahl: Entweder verzichten sie auf ihr Amt und trennen sich dadurch von dem Bösen, sofern sie in dem Gesetz, das zu verwalten Ihnen aufgetragen ist, etwas Böses sehen und deshalb in mir einen tatsächlich unschuldigen, oder aber, wenn sie glauben, dass das Gesetz und das System, dass Sie verwalten, für das Volk dieses Landes gut sind, und dass daher mein Vergehen ein Verbrechen war am öffentlichen Wohl, dann auferlegen sie mir die härteste Strafe.

Gandhi wurde zu sechs Jahren Haft verurteilt. Bei der Urteilsverkündung sagte der Richter: »Ich fühle die Pflicht, Ihnen diese sechs Jahre im Ganzen aufzuerlegen, möchte aber beifügen, dass niemand glücklicher sein wird als ich, wenn die weitere Entwicklung der Ereignisse in Indien es der Regierung ermöglicht, diese Strafe herabzusetzen und Sie früher zu entlassen.«

Das 11-Punkte-Programm

Am 26. Januar 1926 erklärte Gandhi, er sei bereit, den zivilen Widerstand zu beenden, wenn die Regierung einem 11-Punkte-Programm zustimmen würde. Es beinhaltet eine heute disparat anmutende Sammlung von Aspekten, die für Gandhi jedoch das Herzstück der Unabhängigkeit der Inder bedeuteten. Der 26. Januar wurde deshalb von ihm als Tag der Unabhängigkeit deklariert, und wird bis heute als solcher begangen.

Die herrschenden Engländer gingen auf keine der Forderungen ein. Daraufhin begann Gandhi den entscheidenden Schritt zur Mobilisierung der indischen

Massen und bereitete sich auf den legendär gewordenen Salzmarsch vor. Der Grundstein zu einer wirklichen Massenbewegung und letztlich zum Erfolg der Unabhängigkeitsbestrebungen war damit gelegt.

Ich mache Lord Irwin (fast) dasselbe »kindische« Angebot, wie ich bereits die Ehre hatte, es Lord Reading zu machen. Lassen Sie ihn und die Briten die folgenden Reformen einleiten:
1. Vollständiges Alkoholverbot (Prohibition),
2. Anpassung des Wechselkurses von Pfund zu Rupien,
3. Reduzierung der Grundsteuern um mindestens 50 % und gesetzliche Kontrolle,
4. Abschaffung der Salzsteuer,
5. Reduzierung der Militärausgaben um mindestens 50 %,
6. Kürzung der Gehälter des höheren Dienstes auf die Hälfte oder weniger, um den verringerten Einnahmen Rechnung zu tragen,
7. Schutzzölle auf ausländische Textilien (Tuch),
8. Verabschiedung des Gesetzentwurfs zum Küstenverkehr,
9. Freilassung aller politischen Gefangenen, außer den von ordentlichen Gerichten wegen Mordes oder des damit verbundenen Versuchs Verurteilten, Aufhebung aller politischen Verfolgungen, Aufhebung von § 124 A, der Verordnung von 1818

und dergleichen und Erlaubnis der Rückkehr von allen indischen Verbannten,
10. Auflösung der politischen Geheimpolizei,
11. Erteilung von Lizenzen zur Verwendung von Schusswaffen zur Selbstverteidigung.

Der Salzmarsch 1930

Der Salzmarsch gehört zu den bekanntesten Protestaktionen Gandhis. Er zog mit 78 Getreuen von seinem Ashram nahe Ahmedabad über 385 km zu Fuß nach Dandi am Arabischen Meer, um gegen das Salzhandelsmonopol der britisch-kolonialen Regierung zu demonstrieren. Beim Abendgebet des 11. März 1930, am Vorabend des Marsches, versammelten sich mehr als 10.000 Menschen am Ufer des Flusses Sabarmati, um Gandhis historische Rede zu hören:

Höchstwahrscheinlich wird dies meine letzte Rede an euch sein. Selbst wenn die Regierung es mir erlaubt, morgen früh loszumarschieren, wird es meine letzte Rede an den heiligen Ufern des Sabarmati sein. Womöglich könnten es sogar überhaupt die letzten Worte meines Lebens auf dieser Erde sein.

Ich habe euch bereits gestern gesagt, was ich zu sagen hatte. Heute werde ich mich auf das beschränken, was ihr tun sollt, wenn ich und meine Kameraden verhaftet sind. Das Programm des Marsches muss so erfüllt werden, wie es ursprünglich festgelegt wurde. Die Anwerbung von Freiwilligen zu diesem Zweck sollte auf Gujarat beschränkt sein. Nach dem, was ich in den vergangenen 14 Tagen gesehen und gehört habe, gehe ich davon aus, dass der Strom der zivilen Widerstandskämpfer ununterbrochen fließen wird.

Doch darf es, selbst wenn wir alle verhaftet werden sollten, nicht das geringste Zeichen eines Landfriedensbruches geben. Wir haben beschlossen, all unsere Reserven für einen ausschließlich gewaltfreien Kampf einzusetzen. Sorgt dafür, dass niemand aus Zorn etwas Unrechtes tut. Das ist meine Hoffnung und mein Gebiet. Ich wünschte, diese meine Worte könnten jede Ecke und jeden Winkel des Landes erreichen. Wenn ich umkomme, ist meine Aufgabe erfüllt, und das gilt auch für meine Kameraden. Es ist dann die Aufgabe des Arbeitsausschusses des Congress', euch den Weg zu weisen, und es steht euch frei, ob ihr seiner Führung folgen wollt. Das allein ist der Sinn der Entschließung des Arbeitsausschusses. Die Zügel der Bewegung werden auch dann in den Händen derjenigen meiner Gefährten liegen, für die Gewaltfreiheit eine Frage des Glaubens ist. Der Congress kann natürlich frei über sein weiteres Vorgehen entscheiden. Solange ich das Ziel nicht erreicht habe, sollte nichts getan werden, was der Autorität, die der Congress mir übertragen hat, widerspricht. Sobald

Der Salzmarsch

ich jedoch verhaftet bin, verlagert sich die ganze Verantwortung auf den Congress. Niemand, der an Gewaltfreiheit als Glaubensbekenntnis festhält, braucht deshalb untätig zu bleiben. Mein Pakt mit dem Congress endet, sobald ich verhaftet bin. Auch dann sollte es keine Nachlässigkeit bei der Anwerbung von Freiwilligen geben. Wo immer möglich, sollte mit zivilem Ungehorsam gegen die Salzgesetze begonnen werden. Gegen diese Gesetze kann auf dreierlei Arten verstoßen werden: Es ist ein Vergehen, Salz herzustellen, wo immer sich die Möglichkeit dazu bietet. Der Besitz und Verkauf von geschmuggeltem Salz – einschließlich natürlichem Salz oder Salzerde – ist ebenfalls ein Vergehen. Die Käufer von derartigem Salz machen sich gleichfalls strafbar. Die natürlichen Salzablagerungen an der Küste abzutragen ist ebenfalls ein Gesetzesverstoß. Das gilt auch für den Straßenverkauf von solchem Salz. Kurzum, ihr könnt eine oder alle diese Vorschriften nutzen, um das Salzmonopol zu brechen.

Allein damit können wir uns jedoch noch nicht zufriedengeben. Wo immer es Congress-Ausschüsse gibt, wo immer vom Congress kein Verbot ausgesprochen wurde und wo immer die örtlichen Arbeiter sich das zutrauen, sollten andere geeignete Maßnahmen ergriffen werden. Ich mache nur eines zur Bedingung, und das ist: Lasst uns an unserem Gelöbnis der Wahrheit und Gewaltfreiheit als einzigen

Mitteln zur Erlangung von Swaraj in Treue festhalten. Für alles Übrige hat jeder freie Hand. Doch gibt es keine Erlaubnis für jedermann, auf eigene Faust weiterzumachen. Wo es etliche Führer gibt, sollten ihre Anweisungen von den Leuten befolgt werden. Wo es keinen Führer gibt und nur eine Handvoll Menschen dem Programm vertrauen, mögen sie tun, was sie können, sofern sie genügend Selbstvertrauen haben. Sie haben ein Recht oder vielmehr, sie haben die Pflicht dazu. Die Weltgeschichte ist voll von Beispielen von Menschen, die durch die bloße Kraft des Selbstvertrauens, der Tapferkeit und der Beharrlichkeit zu Führern aufstiegen. Auch wir, die wir aufrichtig nach Swaraj streben und voller Ungeduld sind, sie zu erreichen, sollten ähnliches Selbstvertrauen haben. In dem Maße, wie unsere Festnahmen durch die Regierung zunehmen, werden unsere Reihen anschwellen und unsere Herzen gestärkt.

Keiner sollte annehmen, dass nach meiner Verhaftung niemand da ist, die Führung zu übernehmen. Nicht ich, sondern Pandit Jawaharlal ist euer Führer. Er ist dazu fähig. Es stimmt zwar, dass diejenigen, die die Lektionen der Furchtlosigkeit und der Selbstbescheidung gelernt haben, keinen Führer brauchen; wenn uns aber diese Tugenden fehlen, kann nicht einmal er sie in uns hervorbringen.

Darüber hinaus kann noch viel mehr getan werden. Vor Läden mit Alkohol und ausländischem Tuch

Der Salzmarsch

können Streikposten Stellung beziehen. Wir können uns weigern, Steuern zu zahlen, sofern wir die erforderliche Kraft dazu haben. Die Anwälte können ihre Arbeit einstellen. Die Öffentlichkeit kann die Gerichte boykottieren, indem sie auf Rechtsstreitigkeiten verzichtet. Regierungsbeamte können ihre Stellung kündigen. Inmitten der überall herrschenden Verzweiflung zittern die Leute vor Furcht, ihre Arbeit zu verlieren. Warum aber diese Verzweiflung? Es gibt nicht mehr als einige 100.000 Regierungsbeamte im Land. Doch was geschieht mit den übrigen? Wohin werden sie gehen? Selbst das freie Indien wird sich eine größere Anzahl von Beamten nicht leisten können. Ein Steuereinnehmer wird dann nicht mehr die vielen Diener brauchen, die er heutzutage hat. Er wird sein eigener Diener sein. Wie kann ein armes Land wie Indien es sich leisten, einen Steuereinnehmer mit verschiedenen Dienern für den Transport seiner Dokumente, kehren, kochen, Latrine putzen und Briefe austragen zu versorgen? Unsere hungernden Millionen können sich auf keinen Fall diese enorme Ausgabe leisten. Lasst uns deshalb, wenn wir vernünftig genug sind, der Beschäftigung bei der Regierung Lebewohl sagen, egal, ob es sich um die Stelle eines Richters oder eines Boten handelt. Es mag für einen Richter schwirig sein, seine Stelle zu kündigen, wo aber liegt die Schwierigkeit im Fall eines Boten? Er kann sein Brot überall durch ehrliche

Handarbeit verdienen. Dies ist die einfachste Lösung für das Problem der Freiheit. Alle, die auf die eine oder andere Weise mit der Regierung zusammenarbeiten, indem sie Steuern zahlen, Titel führen oder Kinder in die öffentlichen Schulen schicken usw., sollten auf allen oder möglichst vielen Wegen ihre Zusammenarbeit einstellen. Man kann auch andere Methoden der Nichtzusammenarbeit mit der Regierung ersinnen. Und daneben gibt es Frauen, die in diesem Kampf Schulter an Schulter mit den Männern stehen können.

Ihr könnt das als mein Testament betrachten. Es ist die einzige Botschaft, die ich an euch richten möchte, bevor ich mich auf den Marsch oder ins Gefängnis begebe. Ich wünsche mir, dass der Krieg, der morgen früh beginnt oder noch früher, falls ich schon vorher verhaftet werde, nicht aufgegeben oder aufgeschoben wird. Ich werde gespannt auf die Nachricht warten, dass zehn Gruppen bereitstehen, sobald meine Gruppe festgenommen ist. Ich glaube, es gibt in Indien Menschen, die das heute von mir begonnene Werk vollenden werden. Ich habe Vertrauen in die Rechtschaffenheit unserer Sache und die Reinheit unserer Waffen. Und wo die Mittel rein sind, ist Gott zweifellos mit seinem Segen gegenwärtig. Und wo diese drei vereinigt sind, da ist eine Niederlage unmöglich. […]

Gedanken, Bekenntnisse, Überzeugungen

Erziehung und Bildung

Unsere Bildung muss von einer neuen Art sein, um eine neue Welt zu erschaffen.

*

Die Menschen haben keine Vorstellung davon, was Bildung wirklich ist. Wir bewerten den Wert von Bildung auf dieselbe Weise wie den Wert von Grundstücken oder Aktien an der Börse. Wir möchten eine Ausbildung anbieten, die es dem Schüler ermöglicht, mehr Geld zu verdienen. An eine Verbesserung des Charakters denken wir kaum. Mädchen, sagen wir, müssen nicht verdienen; warum sollten sie also ausgebildet werden? Solange solche Ideen bestehen, gibt es keine Hoffnung, dass wir jemals den wahren Wert von Bildung erkennen.

*

Lassen Sie [die Studenten] sie erkennen, dass Lernen ohne Mut wie eine Wachsstatue ist, die schön anzusehen ist, aber bei der geringsten Berührung mit etwas Heißem schmelzen muss.

*

Kurz gesagt, sollte die Charakterbildung Vorrang vor der Kenntnis des Alphabets haben. Wenn diese Reihenfolge umgekehrt wird, wäre das wie der Versuch, den Karren vor das Pferd zu stellen und es den

Karren mit der Nase schieben zu lassen, und es würde denselben Erfolg haben.

*

Bildung, Charakter und Religion sollten als komplementäre Begriffe angesehen werden. Es gibt keine wahre Erziehung, die nicht den Charakter bildet, und es gibt keine wahre Religion, die nicht den Charakter bestimmt. Bildung sollte das ganze Leben in Betracht ziehen. Auswendiglernen und Lesen von Büchern ist keine Erziehung. Ich glaube nicht an die sogenannten Bildungssysteme, die gebildete Männer ohne charakterliches Rückgrat hervorbringen.

*

»Kultur« bedeutet Verfeinerung der Gefühle, und »Bildung« bedeutet Kenntnis der Literatur. Bildung ist ein Mittel, und Kultur ist das Ziel. Letztere ist auch ohne Ausbildung möglich. Wenn ein Kind beispielsweise in einer kultivierten Familie aufwächst, nimmt es unbewusst Kultur aus seiner Umgebung auf. In unserem Land jedenfalls haben Bildung und Kultur heute keinen Zusammenhang. Wenn sich die Gebildeten noch etwas Kultiviertheit erhalten haben, dann trotz ihrer Ausbildung. Dies zeigt, wie tief die Wurzeln unserer Kultur sind.

*

Erziehung und Bildung

Echte Bildung muss das Beste aus Jungen und Mädchen herausholen, die erzogen werden sollen. Dies kann niemals dadurch erreicht werden, dass schlecht ausgewählte, unsortierte und unerwünschte Informationen in die Köpfe der Schüler gestopft werden. Sie werden zu einem toten Gewicht, das alle Originalität in ihnen zerquetscht und sie zu bloßen Automaten macht.

*

Das wahre Ziel jeder Erziehung ist spirituelle Entwicklung. Man sollte sich daher auf eine Ausbildung einlassen, die dies bewirken kann. Sie muss nicht von einer bestimmten Art sein. Daher ist es nicht notwendig, mehr zu diesem Thema zu sagen. Man sollte ein Leben in Selbstbeherrschung führen.

*

Unser System der Grundausbildung führt zur Weiterentwicklung von Geist, Körper und Seele. Das gewöhnliche System kümmert sich nur um den Verstand.

*

Musik sollte Teil des Lehrplans der Grundschulen sein. Ich unterstütze diesen Vorschlag von Herzen. Die Modulation der Stimme ist ebenso notwendig wie das Training der Hand. Körperliche Übungen, Handarbeiten, Zeichnen und Musik sollten Hand in

Gedanken, Bekenntnisse, Überzeugungen

Hand gehen, um das Beste aus Jungen und Mädchen herauszuholen und in ihnen echtes Interesse an ihrem Unterricht zu wecken.

*

Persönlichkeit kann nicht aus Mörtel und Stein erbaut werden. Charakter kann mit nichts anderem als Ihren eigenen Händen gebaut werden. Der Schulleiter und der Lehrer können Ihnen auf den Buchseiten keinen Charakter zeigen.

*

Legen Sie all Ihr Wissen, Lernen und Ihre Gelehrsamkeit in die eine Waagschale und Wahrheit in die andere, und Letztere wird die andere bei weitem überwiegen. Der Bazillus der moralischen Unreinheit hat sich unter unseren Schulkindern ausgebreitet und wirkt wie eine versteckte Epidemie, die Verwüstung unter ihnen anrichtet. All Ihre Gelehrsamkeit, all Ihr Studium der heiligen Schriften wird umsonst sein, wenn Sie die Lehren nicht in Ihr tägliches Leben übertragen […] Wenn Lehrer ihren Schülern das gesamte Wissen der Welt vermitteln, aber ihnen nicht Wahrhaftigkeit und Reinheit einschärfen, werden sie sie verraten haben, und anstatt sie zu erheben, werden sie sie auf den abwärts gerichteten Weg dem Verderben entgegengeführt haben.

*

Erziehung und Bildung

Sie sind die Hoffnung der Zukunft. Wenn Sie aus Ihren Colleges und Schulen entlassen werden, werden Sie aufgefordert, in das öffentliche Leben einzutreten, um die Armen dieses Landes zu führen. Ich möchte deshalb, dass Sie, liebe Studenten, ein Gefühl für Ihre Verantwortung haben und es auf konkrete Weise zeigen. Es ist eine bemerkenswerte und bedauerliche Tatsache, dass bei der überwiegenden Mehrheit der Studenten, die während ihrer Studienzeit edle Impulse erhalten, diese nach Beendigung des Studiums verschwinden. Die allermeisten halten Ausschau nach irdischen Gütern. Da stimmt doch etwas nicht. Es gibt freilich einen Grund, der offenkundig ist. Jeder Pädagoge, jeder, der etwas mit den Schülern zu tun hatte, hat erkannt, dass unser Bildungssystem fehlerhaft ist. Es entspricht nicht den Anforderungen des Landes, schon gar nicht den Anforderungen den armen Indiens. Es gibt keinen Zusammenhang zwischen der empfangenen Ausbildung und dem häuslichen und dem dörflichen Leben im heutigen Indien.

*

Wenn wir dieser Welt den wahren Frieden predigen und wenn wir einen wirklichen Krieg gegen den Krieg führen wollen, so werden wir bei den Kindern beginnen müssen; und wenn sie in ihrer natürlichen Unschuld aufwachsen, werden wir nicht mehr ringen, keine aussichtslosen Resolutionen mehr einbringen müssen, wir werden von Liebe zu Liebe schreiten, von Frieden zu Frieden, bis auch der letzte Winkel dieser Welt erfüllt ist von jenem Frieden und jener Liebe, nach denen, bewusst oder unbewusst, die ganze Welt hungert.

*

Jedes Heim im Lande ist eine Schule, und die Eltern sind darin die Lehrer.

*

Es gibt keine Schule, die es mit einem anständigen Familienhaushalt aufnehmen könnte, und keine Lehrer, die ehrlichen und tugendhaften Eltern gleichkämen.

*

Unsere Schule muss ein Tempel sein, kein Tempel verknöcherter Leere, sondern der Freiheit. Unsere Aufgabe ist das Ausformen des Charakters. Erziehung muss den Mut, die Kraft, die Tugend und die Fähigkeit fördern, sich selbst zu vergessen, weil man einer größeren Sache dienen will.

*

Bei anderen nur Fehler zu sehen ist noch armseliger, als die eigenen Vorzüge zu loben.

*

Erziehung und Bildung

Wenn es uns gelingt, den Charakter des einzelnen Menschen zu formen, wird die Gesellschaft imstande sein, ihre Probleme selbst zu lösen.

*

Da Menschen den größten Teil ihrer Zeit der Arbeit für ihren Lebensunterhalt widmen, ist es unsere Pflicht, Kinder vom frühesten Alter an zu lehren, die Arbeit zu achten.

*

Die beste Erziehung besteht darin, das Beste aus sich selbst herauszuholen. Welch besseres Lehrbuch könnte es da geben als die Menschheit selbst?

*

Im engeren Sinne fördert bloßer Schulunterricht weder die moralische Gesinnung, noch trägt er zur Charakterbildung bei.

Schweigen

Wenn man darüber nachdenkt, so kann man sich des Eindrucks nicht erwehren, dass nahezu die Hälfte allen Elends auf der Welt verschwinden würde, hätten wir elenden Sterblichen den Wert des Schweigens kennengelernt.

*

Wer Gott von Angesicht zu Angesicht gegenübersteht, spricht nicht, kann nicht sprechen.

*

Ich habe immer wieder erkannt, dass ein Wahrheitssucher schweigen muss. Ich kenne die wunderbare Wirksamkeit der Stille. Ich habe ein Trappistenkloster in Südafrika besucht. Es war ein wunderschöner Ort. Die meisten Insassen dieses Ortes schweigen. Ich fragte den Pater nach dem Grund, und er antwortete, das sei doch offensichtlich: »Wir sind gebrechliche Menschen. Wir wissen oft nicht, was wir sagen. Wenn wir der leisen Stimme zuhören wollen, die immer in uns spricht, können wir sie nicht verstehen, wenn wir ständig sprechen.« Ich verstand diese wertvolle Lektion. Ich kenne das Geheimnis der Stille.

*

Schweigen

Warum verfallen wir so oft der Unwahrheit, sei es aus Scham oder aus Angst? Wäre es nicht besser, stattdessen zu schweigen oder die Furcht voreinander abzulegen und freiheraus zu sagen, was wir denken?

*

Täglich stelle ich fest, wie wichtig das Schweigen ist. Es ist wichtig für alle, aber für den, der ganz in seiner Arbeit aufgeht, ist Schweigen Gold.

*

Das Schweigen ist für mich zu einer physischen und spirituellen Notwendigkeit geworden. Ursprünglich sollte es das ständige Gefühl des Druckes lindern. Dann wollte ich Zeit zum Schreiben haben. Nachdem ich es jedoch einige Zeit praktiziert hatte, erkannte ich den spirituellen Wert. Mir wurde klar, dass dies die Zeit war, in der ich die Gemeinschaft mit Gott am besten pflegen konnte. Und jetzt fühle ich mich, als wäre ich von Natur aus auf Stille eingestellt.

*

Wenn wir aufhören würden, über nutzlose Dinge zu reden, und über die wichtigen Dinge mit möglichst wenigen Worten sprechen würden, könnten wir uns und den anderen viel Zeit ersparen. Daraus folgt, dass wir dadurch unserer Lebensspanne diese viele Zeit hinzufügen könnten.

*

Das Schweigen der zusammengepressten oder gar zusammengenähten Lippen ist kein Schweigen. Man kann das gleiche Ergebnis erzielen, indem man sich die Zunge abhackt, aber auch das wäre keine Stille. Erst der schweigt wirklich, der zwar sprechen kann, aber kein müßiges oder eitles Wort ausspricht.

*

Natürlich liegt vollkommene Wahrheit nur im Schweigen, aber solange es notwendig ist, Sprache anzuwenden, kann sie die vollkommene Wahrheit nur widerspiegeln, wenn ich Ihnen eine Situation genau so beschreibe, wie ich sie sehe.

*

Ich erkenne immer mehr, dass Beten Handeln bedeutet und dass Schweigen die beste Rede und oft das beste Argument ist.

Glaube, Religion, Gebet

Die Botschaft jeder Religion lautet, dass der Mensch nicht wirklich Mensch ist, wenn er nicht seinen Schöpfer preist.

*

Was ist ein Glaube wert, der nicht zu Handlungen führt?

*

Echtes Gebet, das von Herzen kommt, hat immer echte Arbeit zur Folge. Und am Ende wird die Arbeit selbst zu Gebet.

*

Jemand mag eine Gebetsschnur verwenden, weil sie von einem Heiligen gesegnet wurde oder weil sie aus geheiligten Steinen, Sandelholz oder Perlen besteht. Wenn aber der Benutzer die Gebetsschnur für das Wichtigste hält, sollte er sie besser wegwerfen. Wenn ihn die Gebetsschnur aber näher zu Gott bringt und ihn befähigt, seine Pflichten zu erfüllen, so mag er sie regelmäßig benutzen.

*

Das Gebet braucht ein Herz, nicht eine Zunge. Und ohne Herz haben Worte keine Bedeutung.

*

Gedanken, Bekenntnisse, Überzeugungen

Haben wir überhaupt das Recht zu beten, solange wir uns nicht von unserer Unreinheit gereinigt haben?

*

So wie der See sich Tropfen um Tropfen auffüllt, so nährt jede Minute echten Gebetes die Seele.

*

Mehr und mehr erkennen wir, dass es die Anbetung Gottes ist – und sei sie auch noch so primitiv –, die den Menschen vom Tier unterscheidet. Dass er zusätzlich im Besitz dieser Fähigkeit ist, gibt ihm einen so ungeheuren Einfluss auf Gottes Schöpfung. Dabei ist es gänzlich unbedeutend, dass Millionen gebildeter Menschen niemals eine Kirche, Moschee oder einen Tempel besuchen. Das gehört nicht natürlich und notwendig zur Anbetung dazu. Sogar Menschen, die ihr Haupt vor Baumstümpfen oder Steinen neigen, die an Zaubersprüche oder Geister glauben, erkennen eine Macht über sich und jenseits ihrer selbst an. Sicher ist diese Form der Anbetung sehr unausgereift; dennoch, es ist Anbetung Gottes. Gold bleibt immer Gold, auch in der unedelsten Form; es bedarf nur der Läuterung, damit auch der Unwissende es wie Gold behandelt. Keine noch so vollkommene Läuterung wird Erz in Gold verwandeln können.

*

Glaube, Religion, Gebet

Schweigen ist eine große Hilfe für einen Wahrheitssucher wie mich. Im Zustand des Schweigens findet die Seele ihren Weg in einem klareren Licht, und alles Trügerische und alle Täuschung lösen sich auf in kristallene Klarheit. Unser Leben ist eine lange, beschwerliche Suche nach der Wahrheit, und die Seele braucht innere Ruhe, um zu ihrer vollen Größe zu kommen.

*

Geburt und Tod sind keine unterschiedlichen Vorgänge, sie sind bloß unterschiedliche Aspekte des gleichen Vorganges.

*

Wir sind auf der Welt, um unseren Mitmenschen zu dienen, und das kann uns nur gelingen, wenn wir hellwach sind. In der Brust des Menschen tobt ein ewiger Kampf zwischen den Mächten der Dunkelheit und des Lichtes, und wer sich nicht auf den Notanker des Gebets verlassen kann, wird den Mächten der Dunkelheit unterliegen. Ein Mensch des Gebets ist in Frieden mit sich und der ganzen Welt; ein Mensch, der ohne Gebet im Herzen an die Dinge dieser Welt herangeht, ist bedauernswert und wird auch die Welt in einen bedauernswerten Zustand bringen. So trägt das Gebet nicht erst nach dem Tod eines Menschen seine Früchte, sondern hat schon einen unschätzbaren Wert für die Menschen hier in der Welt der Lebenden. Gebet ist das einzige Mittel, um Ordnung, Frieden und Ruhe in unser tägliches Handeln zu bringen.

Beginne darum deinen Tag mit Gebet und lege so viel Inbrunst hinein, dass die Wirkung in dir bis zum Abend anhält. Beschließe den Tag mit Gebet, damit du eine friedvolle Nacht hast, frei von Träumen und Albdrücken, mache dir keine Gedanken über die Form deines Gebets. Sie kann beliebig sein, doch sollte sie uns zur Gemeinschaft mit dem Göttlichen führen. Nur – welche Form du auch wählst – darfst du es nicht zulassen, dass der Geist umherwandert, während dein Mund Worte des Gebets ausspricht.

*

Wer Gott vergisst, vergisst sich selbst.

*

Die Botschaft jeder Religion lautet, dass der Mensch nicht wirklich Mensch ist, wenn er nicht seinen Schöpfer preist.

*

Wenn unser Geist von Gedanken des Gebets erfüllt ist, dann erscheint uns alles in der Welt gut und angenehm. Gebet ist eine wesentliche Voraussetzung für einen Fortschritt im Leben.

*

Glaube, Religion, Gebet

Gebet ist nicht einfach eine Übung des Sprechens oder Hörens, es bedeutet auch nicht, dass man leere Formeln wiederholt. Beim Beten ist es besser, ein Herz ohne Worte zu haben als Worte, die nicht von Herzen kommen. Es soll eine klare Antwort sein auf den Hunger des Geistes. Und so, wie sich ein Hungriger eine kräftige Mahlzeit wohl schmecken lässt, so wird sich eine hungrige Seele ein Gebet schmecken lassen, das von Herzen kommt. Ich spreche aus der Erfahrung, die ich und auch meine Gefährten gemacht haben: Wer die Faszination des Gebets erfahren hat, der kann tagelang ohne Essen auskommen, aber keinen einzigen Augenblick ohne Gebet. Denn ohne Gebet gibt es keinen inneren Frieden.

*

Das Gebet ist nicht ein Bitten um etwas. Es ist eine Sehnsucht der Seele. Es ist das tägliche Eingeständnis der eigenen Schwachheit. Auch der Stärkste unter uns wird dadurch ständig an seine Nichtigkeit gemahnt, schon bevor Tod, Krankheit, Alter oder irgendein Unglücksfall auf ihn zukommen. Wir leben inmitten des Todes. Was nützt es, unseren eigenen Plänen zu folgen, wenn sie in der Kürze eines Augenblicks zunichtegemacht werden können oder wenn wir dem allen rasch und völlig unerwartet entrissen werden.

*

Gedanken, Bekenntnisse, Überzeugungen

Ein Gebet ist das Bekenntnis der eigenen Unwürdigkeit und Schwäche.

*

Ziel unseres Gebets ist es nicht, Gott zu gefallen – denn er braucht unser Bitten und Loben nicht –, sondern uns selbst zu reinigen. Der Vorgang der Selbstreinigung besteht in der bewussten Vergegenwärtigung seiner Gegenwart in uns. Eine größere Kraft gibt es nicht als die, welche aus solcher Erkenntnis erwächst. Die Gegenwart Gottes muss uns in allen Lebenslagen bewusst sein. Wenn du meinst, sobald du den Ort des Gebets verlassen hast, kannst du leben und handeln, wie du willst, dann hat es keinen Sinn, dass du am Gebet teilnimmst.

*

Es gibt viele, die aus geistiger Trägheit oder aus einer schlechten Angewohnheit heraus glauben, Gott werde uns ungebeten helfen. Warum soll man dann seinen Namen aussprechen? Es ist wahr: Wenn es Gott gibt, dann gibt es ihn unabhängig von unserem Glauben, doch um Gott für uns Wirklichkeit werden zu lassen, braucht es unendlich mehr als bloßen Glauben. Es gelingt nur durch ständige Übung. Dies gilt von jeder Wissenschaft; wie viel mehr dann erst von der Wissenschaft aller Wissenschaften?

Glaube, Religion, Gebet

Der Mensch wiederholt den Namen Gottes oft plappernd wie ein Papagei und erhofft sich dann Früchte davon. Der wahrhaft Suchende muss einen so lebendigen Glauben haben, dass er die Unwahrhaftigkeit des Geplappers der Wiederholungen nicht nur in sich ausmerzt, sondern auch in den Herzen anderer.

*

Gott vergisst uns nie. Wir sind es, die ihn vergessen. Und das ist unser Elend.

*

Der Mensch kann mit seinem Glauben Berge versetzen.

*

Im Glauben gibt es keinen Raum für Verzweiflung.

*

Religion, das ist nicht die formale Religion oder die herkömmliche Religion, sondern jene allen Religionen zugrunde liegende Religion, die uns unserem Schöpfer von Angesicht zu Angesicht gegenüberstellt.

*

...gion verändert sogar unsere Natur. Sie bindet uns unauflöslich an die Wahrheit, die wir in uns tragen und die uns absolut reinigt.

*

Religion, das ist dieses beständige Element der menschlichen Natur, das unbändig danach strebt, sich auszudrücken, und das der Seele keine Ruhe lässt, bis sie sich gefunden hat, bis der Mensch seinen Schöpfer kennt und der wahren Übereinstimmung zwischen dem Schöpfer und sich selbst gewahr wird.

*

Religion ist ein ständiger, wütender Zweikampf im Herzen der Menschen.

*

Im Hinduismus gilt das ganze sichtbare irdische Leben als eine Inkarnation der göttlichen Natur.

*

Man bezeichnet nur denjenigen als Inkarnation des Göttlichen, der der Menschheit irgendeinen außergewöhnlichen Dienst erwiesen hat, jemanden, der sich in seinem Verhalten als der Religiösere erwiesen hat. Und dieser Geist ist es, der Krishna den Status der vollkommensten Inkarnation des Hinduismus verleiht.

Weit davon entfernt, einfach ein verbaler Kult zu sein, ist die Frömmigkeit ein Kampf mit dem Tode.

*

Ein wahrer Frommer sein heißt, zur Selbstverwirklichung zu gelangen.

*

Mit einer Rupie kann man Gift oder Nektar kaufen. Doch können uns Wissen oder Frömmigkeit weder das Heil noch die Verdammnis bescheren. Sie sind keine Mittel zum Tauschen, sondern Dinge, die wir unabhängig von ihrem Wert für unser Leben erstreben.

*

Da wir existieren und unsere Eltern sowie deren Eltern existiert haben, müssen wir an die Existenz eines Vaters der ganzen Schöpfung glauben. Denn wenn Er nicht ist, dann sind auch wir nicht.

*

Gott ist kleiner als ein Atom und größer als der Himalaja. Er steckt in einem einzigen Wassertropfen, und dennoch können selbst die sieben Weltmeere Ihn nicht enthalten. Der Verstand vermag Ihn nicht zu erkennen: Er ist außerhalb seiner Reichweite. Hier kommt es ganz entscheidend auf den Glauben an.

*

Bohnen an einer Schnur abzuzählen, den Namen Allahs dabei auf den Lippen zu haben, während die Aufmerksamkeit in alle Richtungen abschweift, ist noch schlimmer als nutzlos.

*

Der Glaube übersteigt die Vernunft; er ist hier nicht entgegengesetzt.

*

Wenn Glaube und Vernunft im Widerstreit geraten, ist es besser, den Glauben vorzuziehen.

*

Der Glaube bewegt das Lebensschiff.

*

Gott ist unsere Hilfe und unser Steuermann.

*

Eine Religion, die von dieser Welt keine Notiz nimmt und nur auf die jenseitige aus ist, verdient nicht diesen Namen.

*

Wie könnte das Religion sein, was nichts mit dem täglichen Leben zu tun hat?

*

Religion ist keine Religion mehr, wenn sie mechanisch wird.

*

Wahre Religion kennt keine Landesgrenzen.

*

Wir sollten anderen Religionen dieselbe Ehrfurcht entgegenbringen wie unserer eigenen; Toleranz allein ist zu wenig.

Das Streben nach Vollkommenheit

Ich glaube an die Umwandlung der Menschheit, nicht an ihre Zerstörung.

*

Niemand kann Vollkommenheit erreichen, während er noch in seinem Körper ist, aus dem einfachen Grund, dass dieser Idealzustand unmöglich ist, solange man sein Ego nicht vollständig überwunden hat, und das Ego kann nicht vollständig beseitigt werden, solange man von Fesseln des Fleisches gefesselt ist.

*

Wenn wir ein wahres Leben leben wollen, müssen wir unsere gedankliche Bequemlichkeit aufgeben und über das Grundsätzliche nachdenken. Darüber wird unser Leben sehr einfach werden.

*

Ein Fehler, der berichtigt wurde, ist keiner mehr.

*

Der Mensch hat zwei Augen und zwei Ohren, aber nur eine Zunge. Er soll also nur halb so viel reden wie sehen und halb so viel reden wie hören.

*

Das Streben nach Vollkommenheit

Ich behaupte nicht, ein Visionär zu sein. Ich betrachte mich vor allem als praktischen Idealisten.

*

Das Ziel zieht sich immer zurück. Je größer unser Fortschritt, desto größer die Wahrnehmung unserer Unwürdigkeit. Zufriedenheit liegt in den Bemühungen, nicht im Erreichen des Ziels. Volle Anstrengung bedeutet ganzen Sieg.

*

Wir alle sehnen uns nach Erlösung, aber wir wissen möglicherweise nicht genau, worin sie besteht. Befreiung aus dem Kreislauf von Geburt und Tod ist auf jeden Fall eine ihrer Bedeutungen.

*

Der Mensch findet sich, indem er sich selbst verliert.

*

Die Freude des Lebens liegt darin, sich der Sorgen des Lebens zu entledigen.

*

Innere Kraft gewinnen wir aus der Lektüre der heiligen Schriften; wahre Freiheit kann aber nur durch innere Erleuchtung gewonnen werden.

*

Gedanken, Bekenntnisse, Überzeugungen

Wenn ein Mensch etwas tut und es nachher bedauert, so zeigt das, dass er es nicht nach gebührender Überlegung, sondern unter Zwang getan hat.

*

Wer durch schlechte Nachrichten nicht verstört wird, wird sich über gute Nachrichten nicht freuen.

*

Wir sollten aufhören, nur an uns zu denken, wenn wir an andere denken.

*

Verzicht, der nicht aus dem Herzen kommt, hat keine Dauer.

*

Ein tamilischer Dichter sagt, das Leben des Menschen sei so vergänglich wie ein ins Wasser geschriebenes Wort. Darüber sollte man immer wieder nachdenken.

*

Es ist um vieles leichter, andere zu besiegen, als sich selbst zu besiegen, denn Ersteres kann durch Zuhilfenahme äußerer Mittel erreicht werden, während Letzteres nur mit der eigenen mentalen Kraft erreicht werden kann.

*

Das Streben nach Vollkommenheit

In den Dingen der Welt verstrickt bleiben und auf Selbsterkenntnis hoffen ist ein Ding der Unmöglichkeit.

*

Die größten Männer waren stets allein. Die großen Propheten wie Zoroaster, Buddha, Jesus oder Mohammed waren alle allein. Dank ihres Glaubens an sich selbst und an ihren Gott, dank ihrer Gewissheit, ihren Gott an der Seite zu haben, haben sie sich jedoch nie allein gefühlt.

*

Ich kenne den Weg: Er ist schmal wie die Schneide eines Schwertes. Ich freue mich, wenn es mir gelingt, ihm zu folgen. Denn Gott sagt uns: »Nur wer versucht, dem Weg zu folgen, wird niemals untergehen.« Ich glaube an dieses Versprechen. Deshalb verliere ich nicht den Glauben, selbst wenn meine Schwäche mich tausendmal scheitern lässt.

*

Mein Erfolg liegt in meinem beständigen, demütigen und gläubigen Streben. Ich kenne den Weg. Er ist gerade und schmal. Er ist wie die Schneide eines Schwertes. Es macht mir Freude, auf ihm zu wandern, und ich weine, wenn ich hinunterfalle. Doch Gott sagt: »Wer kämpft, wird niemals zugrunde gehen.« An dieses Versprechen glaube ich fest. Obwohl ich in meiner Schwäche tausendmal falle, verliere ich dennoch nicht die gläubige Hoffnung, dass ich das Licht schauen werde, wenn das Fleisch einst, seiner Bestimmung folgend, vollkommen unterworfen sein wird.

*

Jemandes Gefallen suchen heißt seine Freiheit aufgeben.

*

Wenn ein Mensch sein Herz leer macht, tritt Gott dort ein.

*

Im Verzicht liegt wahre Freude.

*

Wer Angst hat, scheitert.

*

Der Mensch ist dort, wo seine Seele ist, nicht dort, wo sein Körper sich befindet.

*

In der Selbstgefälligkeit liegen alle Schwierigkeiten.

*

Das Streben nach Vollkommenheit

Kann es eine größere Armseligkeit geben als die, unsere guten Seiten herauszusuchen und sie gegenüber anderen zu loben?

*

Wir sollten immer auf die Kritik an unseren Fehlern und Versäumnissen hören und niemals auf das Lob.

*

Ich will mich in Brüderlichkeit nicht nur mit jenen Lebewesen identifizieren, die man gemeinhin als menschlich bezeichnet, sondern allem Lebenden, selbst mit der winzigsten Kreatur, die im Staube kriecht.

*

Irren ist menschlich. Wenn wir unsere Fehler erkennen, dann verwandeln wir sie in Stufen des Fortschritts. Ein Mensch dagegen, der versucht, seine Fehler zu verbergen, wird zum Betrüger und sinkt tiefer. Der Mensch ist weder eine vernunftlose Kreatur noch ein Gott. Er ist vielmehr ein Geschöpf Gottes, das danach strebt, seine eigene Wirklichkeit zu erfahren. Die Mittel dazu sind Reue und Selbstreinigung. In dem Augenblick, wo wir bereuen und Gott um Vergebung für unsere Verfehlungen bitten, sind wir gereinigt von unseren Sünden, und ein neues Leben beginnt. Wahrhaftige Reue ist eine wesentliche Vorbedingung für das Gebet. Gebet ist kein bloßes Lippenbekenntnis. Es muss sich auch im Handeln ausdrücken.

Ziele und Mittel

Der sicherste Weg eine Auseinandersetzung zu verlieren ist, den Gegner zu verhöhnen und auf seine Schwächen hinzuweisen.

*

Ökonomische Gleichheit ist die Hauptvoraussetzung für eine gewaltfreie Unabhängigkeit. Uns geht es bei diesem Ziel darum, den uralten Konflikt zwischen Kapital und Arbeit abzuschaffen. Es geht um einen Ausgleich zwischen einerseits den wenigen Reichen, in deren Händen sich der größte Teil des nationalen Vermögens konzentriert, und andererseits den halbverhungerten mittellosen Millionen. Solange die riesige Kluft zwischen den reichen und den hungernden Millionen nicht beseitigt ist, ist ein gewaltfreies Regierungssystem schlicht unmöglich. In einem freien Indien, in dem der Arme die gleiche Macht wie der Reichste im Lande hat, darf es keinen Tag länger Verhältnisse wie in Delhi geben, wo Paläste und erbärmliche Hütten der Armenarbeiter nebeneinanderstehen. Wenn der Reichtum und die damit verbundene Macht nicht freiwillig von den Reichen abgegeben und zum Wohl aller geteilt werden, ist es unvermeidlich, dass eines Tages eine gewaltsame und blutige Revolution ausbricht.

Gedanken, Bekenntnisse, Überzeugungen

Ich halte trotz des Spottes, mit dem man mir begegnet ist, an meiner Lehre von der Treuhandschaft fest. Tatsächlich ist sie nicht leicht zu verwirklichen. Genauso wenig wie die Gewaltfreiheit. Wir haben uns aber 1920 zu diesem schwierigen Weg entschlossen. Wir haben ihn der Mühe wert befunden. Zu diesem Unternehmen gehört, dass das Verständnis von Gewaltfreiheit mit jedem Tag größer werden soll. Die Aufgabe der Congress-Mitglieder besteht darin, sich gewissenhaft auf die Suche zu machen und selbst das Warum und Wofür von Gewaltfreiheit zu ergründen. Sie sollten sich fragen, ob die bestehenden Ungleichheiten gewaltsam oder gewaltfrei abgeschafft werden können. Ich denke, wir kennen den gewaltsamen Weg. Er hat nirgendwohin geführt.

Dieses gewaltfreie Experiment ist immer noch im Aufbau. Wir haben bislang noch nicht sehr viel vorzuweisen. Es steht jedoch fest, dass sich das Ganze in Richtung Gleichheit zu entwickeln beginnt, wenn auch nur sehr langsam. Und da Gewaltfreiheit ein Prozess der Umwandlung ist, muss die Umwandlung, sobald sie einmal erreicht ist, dauerhaft sein. Eine gewaltfrei errichtete Gesellschaft oder Nation muss in der Lage sein, äußeren wie auch inneren Angriffen auf ihre Struktur standzuhalten. Wir haben in unserer Organisation vermögende Mitglieder. Sie müssen vorangehen. Dieser Kampf bietet jedem einzelnen Congress-Mitglied die Mög-

Ziele und Mittel

lichkeit, sein Gewissen aufs Genaueste zu erforschen.

Wenn wir jemals Gleichheit erringen wollen, müssen die Grundlagen jetzt dazu gelegt werden. Wer meint, die Hauptreformen würden nach Eintritt von Swaraj eintreten, täuscht sich über die tatsächliche Art und Weise, in der es zustande kommt. Es wird nicht eines schönen Tages plötzlich vom Himmel herabfallen. Es muss vielmehr Stein für Stein durch eigene gemeinschaftliche Anstrengungen aufgebaut werden. Wir sind ein gutes Stück in diese Richtung vorangekommen, müssen jedoch noch eine viel längere und beschwerlichere Strecke zurücklegen, bevor wir es in seiner ganzen Erhabenheit erblicken können.

*

Die Nation kann nicht durch Gewalt auf dem Pfad der Gewaltlosigkeit gehalten werden. Es muss hier ein inneres Bedürfnis sein, den angestrebten Zustand zu entwickeln. Daher müssen wir uns die Frage stellen: Worauf richtet sich unser unmittelbares Streben? Wollen wir in erster Linie die westlichen Nationen nachahmen und dann, in nebelhafter und ferner Zukunft, nach unsäglichem Leiden, wieder am Anfang stehen? Oder wollen wir unseren eigenen Weg einschlagen und so unsere Freiheit gewinnen und sichern?

Gedanken, Bekenntnisse, Überzeugungen

Für Kompromisse mit der Feigheit ist hier kein Platz. Entweder wir rüsten und bewaffnen uns, um uns zu verteidigen, und rüsten uns dabei zugleich zum Leiden, oder wir bereiten uns ausschließlich zum Leiden vor, um das Land zu verteidigen oder es von Fremdherrschaft zu befreien. In jedem Fall ist Tapferkeit vonnöten. Im ersten Fall ist persönliche Tapferkeit weniger wichtig als im zweiten. Auch im zweiten Fall wird es uns vielleicht nie gelingen, ganz ohne Gewaltanwendung auszukommen. Doch dann wird die Gewaltanwendung sich der Gewaltlosigkeit unterordnen und im Leben der Nation eine immer geringere Rolle spielen. Sollte das wahnsinnige Wettrüsten weitergehen, so muss es zwangsläufig zu einem in der Geschichte noch nie dagewesenen Massensterben führen. Wenn es danach überhaupt einen Sieger gibt, so wird die Siegernation nur noch ein Volk lebender Leichen sein.

*

Mir reicht es, die Mittel zu kennen. Mittel und Zweck sind komplementäre Begriffe in meiner Lebensphilosophie.

*

Ein aus dem Ozean entnommener Tropfen vergeht, ohne etwas bewirken zu können.

*

Ziele und Mittel

Wenn ich auf die Sowjetunion blicke, wo die Vergötterung der Industrie erreicht ist, so sehe ich im dortigen Leben nichts Begehrenswertes. Um es in der Sprache der Bibel auszudrücken: Was nützt es dem Menschen, wenn er die ganze Welt besitzt, an seiner Seele aber Schaden leidet? Modern ausgedrückt ist es menschenunwürdig, die eigene Persönlichkeit aufzugeben und nur ein Rädchen im Getriebe zu sein. Ich will, dass jeder Einzelne ein vollwertiges, voll entwickeltes Glied der Gesellschaft sei.

*

Mittel kann mit einem Samen vergleichen, das Ziel mit einem Baum; und es gibt genau die eine gleiche, unantastbare Verbindung zwischen dem Mittel und dem Ziel, die es zwischen einem Samen und dem Baum gibt.

*

Unreine Mittel bedeuten, zu einem unreinen Ziel zu kommen. [...] Man kann die Wahrheit nicht durch Unwahrheit erreichen. Wahrhaftiges Verhalten allein kann die Wahrheit erreichen. Sind nicht Gewaltlosigkeit und Wahrheit Zwillinge? Die Antwort ist ein klares Nein. Gewaltlosigkeit ist eingebettet in Wahrheit und umgekehrt. Daher wurde gesagt, dass sie Gesichter derselben Medaille sind. Beides ist untrennbar mit dem anderen verbunden. Lies die Münze so oder so. Die Schreibweise der Wörter wird anders sein. Der Wert ist der gleiche. Dieser gesegnete Zustand ist ohne vollkommene Reinheit unerreichbar.

*

Das Land gehört dem, der auf ihm arbeitet.

*

Was immer man macht, man sollte es gut machen oder überhaupt lassen.

*

Eine oder tausend Meilen gehen: Der erste Schritt bleibt immer der erste, und der zweite kann nicht getan werden, bevor der erste getan ist.

*

Eine schlampige Arbeit ist wie ein halbgebackenes Brot, dass man nur noch wegwerfen kann.

*

So wie ich das Recht habe zu essen und zu trinken, so habe ich auch das Recht, meine Arbeit auf meine eigene Art zu verrichten.

*

Ziele und Mittel

Ich boykottiere fremde Waren und nicht fremde Fähigkeiten.

*

Durch das Spinnrad können den Massen Indiens ihre gelebte Einigkeit erkennen.

*

Das Spinnrad ist ein Instrument des Dienens.

*

Ich glaube, dass das Garn, das wir am Spinnrad spinnen, in der Lage ist, das zerstörte Gewebe unseres Lebens zu heilen.

*

Ich sehne mich danach, mit einer Hand am Spinnrad zu sterben.

*

Das Spinnrad ist mein Schwert. Für mich ist es das Symbol von Indiens Freiheit.

*

Auf dem Spinnrad fußt unser nationales Selbstbewusstsein. Durch das Spinnrad kann jeder Einzelne etwas Konstruktives zur nationalen Aufbauarbeit beitragen.

*

Gedanken, Bekenntnisse, Überzeugungen

Für mich ist das Spinnrad ein Symbol der Gewaltlosigkeit.

*

Wer Garn für die Armen spinnt und sie anregt, es ebenfalls zu tun, dient Gott wie kaum ein anderer.

*

Um Indiens Dörfer und Städte zu industrialisieren, gibt es keinen besseren Anfang als das Spinnrad.

Gewaltlosigkeit

Ob die Natur einer Handlung gewalttätig oder gewaltlos ist, hängt von der ihr zugrundeliegenden Absicht ab.

*

Es ist viel schwerer, für Gewaltlosigkeit zu leben, als für sie zu sterben.

*

Vollkommene Entsagung ist unmöglich ohne strikte Befolgung des Prinzips der Gewaltlosigkeit in all ihren Formen.

*

Seid nicht beunruhigt, weil die Methode der Gewaltlosigkeit ein äußerst langsamer Prozess zu sein scheint. In Wirklichkeit ist sie die schnellste Methode, denn sie ist die sicherste.

*

Die Kraft des unbewaffneten gewaltlosen Widerstandes ist immer weit stärker als die einer bewaffneten Armee.

*

Gedanken, Bekenntnisse, Überzeugungen

Für massenhaften gewaltfreien Widerstand muss es eine Führung geben. Bei individuellem Widerstand ist jeder Widerständler sein eigener Anführer.

*

Will man die Methode der Gewaltlosigkeit richtig anwenden, muss man an die Möglichkeit glauben, dass jeder Mensch, auch der verkommene, durch eine humane und kompetente Behandlung rehabilitiert werden kann.

*

Wenn es einem Menschen gelingt, den Zustand der völligen Unschuld zu erreichen, dann wird er damit nicht etwa göttlich. Im Gegenteil: Erst dadurch wird er wirklich zum Menschen.

*

Wenn es einem nicht gelingt, sich jeglicher Vergeltung zu enthalten, muss man entsprechende Regeln dafür finden. Denn Enthaltsamkeit ist das Gesetz unserer Spezies. Und Vollkommenheit ist ohne größte Enthaltsamkeit unerreichbar. Die Fähigkeit zu leiden ist das Kennzeichen der Würde des Menschen.

*

Gewaltlosigkeit

Die Propheten und göttlichen Inkarnationen der verschiedenen Religionen haben alle mehr oder weniger dazu beigetragen, Gewaltlosigkeit zu lehren. Jedenfalls hat sich keiner von ihnen zur Gewalt bekannt.

*

Ich bin ein unverbesserlicher Optimist. Mein Optimismus beruht auf dem Glauben an die unbegrenzte Fähigkeit des einzelnen Menschen, Gewaltlosigkeit zu entwickeln. Denn je mehr du sie in dir entwikkelst, desto ansteckender wird sie, bis sie sich zunächst deiner Umgebung und dann schrittweise der ganzen Welt bemächtigt.

*

Nichts auf dieser Welt geschieht, ohne dass gehandelt wird. In diesem Sinne finde ich den Ausdruck »passiver Widerstand« ungeeignet zur Beschreibung der Gewaltlosigkeit, denn dieser Begriff verweist eher auf eine ziemlich schwächliche Waffe.

*

Gewaltlosigkeit bedeutet keineswegs Ablehnung jeglicher Konfrontation mit dem Bösen. Sie ist meiner Auffassung nach im Gegenteil eine Form eines sehr aktiven Kampfes – echter als der gewalttätige Gegenschlag, dessen Wesen im Grunde die Vermehrung der Boshaftigkeit ist.

*

Praktizierte Gewaltlosigkeit bedeutet, Leiden auf sich zu nehmen. Sie bedeutet nicht, dass man sich dem Willen des Bösen demütig unterwirft, sondern sich mit ganzer Seele dem Willen des Tyrannen widersetzt. Ein einzelnes Individuum kann die Macht eines ganzen ungerechten Imperiums herausfordern, wenn es dieses Gesetz unserer Gattung in die Tat umsetzt. Es kann auf diese Weise seine Religion und seine Seele retten und den Fall oder die Regeneration eines Imperiums vorbereiten.

*

Gewaltlosigkeit und Feigheit passen schwer zusammen. Denn so wie der Besitz von Waffen ein Element der Furcht, wenn nicht der Feigheit, impliziert, lässt sich wahre Gewaltlosigkeit nicht ohne totales Fehlen von Angst verstehen.

*

Die Religion der Gewaltlosigkeit gilt nicht nur für die Heiligen und Weißen. Sie ist für jeden Menschen bestimmt. Denn die Gewaltlosigkeit ist das Gesetz der menschlichen Spezies, ebenso wie die Gewalt das Gesetz der wilden Tiere ist.

*

Gewaltlosigkeit

Indien muss Gewaltlosigkeit praktizieren, nicht weil das Land schwach ist, sondern weil es sich seiner Kraft bewusst ist. Es hat eine Mission in der Welt und darf nicht Europa blind nachahmen. Würde es sich der Anwendung bewaffneter Gewalt anschließen, dann würde es aufhören, mein ganzer Stolz zu sein, und ich würde das als mein persönliches Scheitern ansehen.

*

Es gibt nur einen Weg, durch Gewaltlosigkeit Unabhängigkeit zu erreichen: Wenn wir sterben, leben wir, wenn wir töten, niemals.

*

Wer nicht unbegrenzte Geduld aufbringt, kann nicht Gewaltlosigkeit üben.

*

Eine Gewalthandlung ist begrenzt und kann fehlschlagen. Gewaltlosigkeit kennt keine Grenzen und schlägt niemals fehl.

*

Gewalt ist die Waffe des Schwachen; Gewaltlosigkeit die des Starken.

*

Der Gewalt muss abgeschworen werden, denn das Gute, das sie scheinbar erreichen kann, ist bloßer Schein, während der von ihr angerichtete Schaden von Dauer ist.

*

Die Grausamkeit des einen ist das Maß für die Güte des anderen.

*

Um meine Gewaltlosigkeit noch ansteckender zu machen, muss ich meine Gedanken noch stärker kontrollieren.

*

Das Laster blüht in der Dunkelheit. Es verschwindet im Licht des Tages. Gewaltlosigkeit und Wahrheit leuchten von selbst. Sonst sind sie nicht echt.

*

In diesem Zeitalter der Wunder sage niemand, eine Sache oder eine Idee sei unmöglich, weil sie neu ist. Es ist ferner unvereinbar mit dem Geist der Epoche, wenn man sagt, etwas sei unmöglich, weil es schwie-

Gewaltlosigkeit

rig ist. Täglich erleben wir, was niemand zu träumen gewagt hätte, ständig wird Unmögliches möglich. Wir kommen aus dem Staunen über die unerhörten Erfindungen auf dem Gebiet der Gewalt gar nicht mehr heraus. Ich aber bleibe dabei, dass weit unwahrscheinlichere und scheinbar unmögliche Entwicklungen auf dem Gebiet der Gewaltlosigkeit bevorstehen.

Fasten und Ernährung

Wer sich auf den Hungerstreik einlässt, übt keine schädliche Kraft aus, keinen Zwang – außer auf sich selbst. Auf keinen Fall übt er ihn gegen die Person aus, die er zu beeinflussen sucht. Denn man darf das Leiden, das man sich selbst zufügt, niemals auf die gleiche Ebene mit dem stellen, das man anderen zufügt.

*

Hungert man, um das Gewissen eines Freundes zu wecken, von dem man mit Bestimmtheit weiß, dass er gut ist, dann übt man damit keinen Zwang im eigentlichen Sinne des Wortes aus.

*

Das spirituelle Fasten ist Teil der Bemühungen um Askese und Enthaltsamkeit; es hat immer eine reinigende Wirkung auf diejenigen, zu deren Gunsten es unternommen wird.

*

Fasten sollte man nicht aus Zorn.

*

Fasten und Ernährung

Das Fasten bringt mehr Freude als das Essen.

*

Als gewaltlose Aktion zielt der Hungerstreik darauf ab, das Gewissen derjenigen zu wecken, auf die diese Aktion zielt. Keinesfalls handelt es sich darum, irgendeinen Zwang auf sie auszuüben.

*

Der Kleinwüchsige weiß nicht, was Selbstbeschränkung ist. Es ist die wunderbare Frucht unaufhörlicher und wachsamer Bemühungen in Form von Enthaltsamkeit und Gebet.

*

Der Mensch muss lernen, seinen Körper zu nutzen, um der Menschheit zu dienen. Dann wird die Pflicht eher als die Nahrung zum Angelpunkt seines Lebens.

*

Wir essen, trinken, schlafen und erwachen nur, um anderen zu dienen.

*

Die Erfahrung lehrt uns, dass allen, die ihre Leidenschaften beherrschen wollen, von fleischlicher Nahrung abzuraten ist. Deshalb bin ich stets für eine rein vegetarische Ernährung eingetreten. Der Vegetarismus ist ein unschätzbares Geschenk des Hinduismus.

*

Der spirituelle Fortschritt wird zu einem gegebenen Zeitpunkt erfordern, dass wir aufhören, zur Befriedigung unserer körperlichen Bedürfnisse alle möglichen Kreaturen zu töten.

*

Glaubt nicht, tugendhaft und gewaltlos zu sein, nur weil ihr euch zwingt, nichts anderes zu essen als Auberginen oder Kartoffeln. Gewaltlosigkeit ist mehr als eine Frage der bewussten Ernährung; die transzendiert diese bei weitem.

*

Nahrung sollte aus Pflichtgefühl verzehrt werden – wie ein Heilmittel zur Haltung des Körpers –, nicht aus Vergnügen am Essen. Das Gefühl des Vergnügens entsteht dann aufgrund der Befriedigung eines echten Hungers.

*

Drogen und alkoholische Getränke sind die beiden Arme des Teufels, mit denen er seine durch Verwirrung und Vergiftung machtlosen Sklaven heimsucht.

*

Fasten und Ernährung

Würde jeder Raucher diese üble Angewohnheit aufgeben, würde er sich weigern, aus seinem Mund einen Schornstein zu machen, dann könnte er die dadurch erzielten Ersparnisse einem nationalen Anliegen spenden. Daraus würde er für sich selbst ebenso viel Nutzen ziehen wie die gesamte Nation.

Stärke und Feigheit

Kraft beruht nicht auf einer physischen Fähigkeit, sondern auf einem unzähmbaren Willen. Deshalb kann eine kleine Gruppe fest entschlossener, mit unendlichem Glauben an ihre Mission ausgestatteter Geister den Lauf der Geschichte verändern.

*

Tragen wir die Furcht vor Gott in uns, dann hören wir auf, den Menschen zu fürchten.

*

Das Licht der Erkenntnis kann niemals aufgehen über dem Hochmütigen.

*

Feigheit, die oft der Erziehung zur Friedfertigkeit entstammt, und Unterwürfigkeit, die aus einem Zwang zur Zurückhaltung resultiert, der von Generation zu Generation weitergegeben wird, müssen vermieden werden, wenn die alte Zivilisation nicht im rasenden Ansturm der Moderne zugrunde gehen soll.

*

Feigheit ist kein Beweis für einen Glauben an Gott.

*

Stärke und Feigheit

Töten und in der Schlacht getötet werden ist weit besser als Feigheit.

*

Gibt es einen besseren Beweis für unsere Feigheit, als dass wir uns untereinander bekämpfen?

*

Keine Polizei und keine Armee der Welt kann Menschen beschützen, die Feiglinge sind.

*

Unter Feiglingen kann es keine Freundschaft geben, ebenso wenig wie zwischen den Feigen und den Mutigen.

*

Feiglinge sterben schon vor ihrem Tod.

*

Gewaltlosigkeit ist die Zierde des Mutigen. Der Feige ist davon frei.

*

Dem Wolf die Schuld zu geben hilft den Schafen nicht. Die Schafe müssen lernen, dem Wolf nicht in die Fänge zu geraten.

*

Gedanken, Bekenntnisse, Überzeugungen

Feigheit ist eine verborgene und deshalb gefährliche Art der Gewalt. Sie ist deshalb schwerer zu bekämpfen als gewohnheitsmäßige Gewalt.

*

Sollte ich mich entscheiden müssen zwischen Feigheit und Gewalt, ich würde zu Gewalt raten.

Wahrheit

Der Weg des Friedens ist der Weg der Wahrheit. Wahrheit ist wichtiger als Friedfertigkeit. Ja, die Lüge ist die Mutter der Gewalt. Ein Wahrhaftiger kann nicht lange gewalttätig bleiben. Auf seiner Suche wird er innewerden, dass er keine Gewalt nötig hat, und er wird ferner entdecken, dass er, solange er noch die kleinste Spur von Gewalttätigkeit in sich trägt, die gesuchte Wahrheit niemals finden kann.

*

Es gibt kein Drittes zwischen Wahrheit und Gewaltlosigkeit. Vielleicht werden wir nie die Kraft erlangen, völlig gewaltlos zu sein in Gedanken, Worten und Taten. Aber wir müssen die Gewaltlosigkeit stets als unser Ziel vor Augen haben und unermüdlich auf sie zustreben. Die Freiheit, auch für einen Menschen, eine Nation oder die Welt, wird in genau dem Maße erreicht, wie die Gewaltlosigkeit fortschreitet. Daher sollen jene, die an Gewaltlosigkeit als den einzigen Weg zur wahren Freiheit glauben, das Licht der Gewaltlosigkeit hochhalten, damit es inmitten unserer undurchdringlichen Finsternis hell erstrahle. Die Wahrheit einiger weniger wird zählen, die Unwahrheit von Millionen wird dahin sein wie Spreu im Wind.

*

Gedanken, Bekenntnisse, Überzeugungen

Selbst die geringste Unwahrheit verdirbt den Menschen, so wie ein Tropfen Gift einen ganzen See verdirbt.

*

Reinheit ist die höchste und reinste Kunst.

*

Wir müssen alles auf dem Altar der Wahrheit opfern. Wir wollen nicht als das erscheinen, was wir sind, sondern vieles besser. Wie gut wäre es für uns, wenn wir schwach sind, auch schwach zu erscheinen – aber wenn wir zu wachsen wünschen, edel zu handeln und zu denken. Wenn das nicht möglich ist, dann sollen wir schwach erscheinen. Dann werden wir eines Tages die ersehnte Höhe erreichen.

*

Damit auch nur ein Diamant gefunden wird, müssen Hunderte Tonnen Erde und Stein in harter Arbeit ausgegraben werden. Wenden wir auch nur einen Bruchteil dieser Arbeit auf, um den Schutt der Unwahrheit wegzuräumen und nach dem Diamanten der Wahrheit zu suchen?

*

Wahrheit

Wer sich der Wahrheit geweiht hat, darf zwischen Lob und Tadel keinen Unterschied machen. Er wird also auf Lob nicht hören und sich über Tadel nicht ärgern.

*

Eine gerechte Sache schlägt niemals fehl; ein wahres Wort schadet letztlich nie.

*

Warum scheut sich der Mensch, die Wahrheit auszusprechen und zu tun, nicht aber die Unwahrheit?

*

Ein nutzloses Wort ist eine Verletzung der Wahrheit.

*

Unwahrheit zerstört die Seele; Wahrheit stärkt sie.

*

Höre nicht auf Gerüchte; und wenn du sie hörst, glaub sie nicht.

*

Wohl wissend, dass jedes Ding zwei Seiten hat, sollten wir allein auf die helle Seite schauen.

*

Gedanken, Bekenntnisse, Überzeugungen

Ein einziges Wort, wenn es wahr ist, genügt. Unwahre Worte jedoch, und mögen es noch so viele sein, sind nichts wert.

*

Unwissenheit verbergen heißt sie vermehren.

*

Ein Fehler, klein wie ein Senfkorn, wird wie ein Berg, der vertuscht werden soll.

*

Die Macht eines wahren Wortes ist so, dass es einen von der Selbstsucht zur Selbstlosigkeit führt.

*

Ein unwahrhaftiger Mensch sucht sich viele Schlupflöcher offenzuhalten. Und wenn er durch das eine oder das andere entkommt, hält er sich für sehr gerissen. In Wahrheit gräbt er sich damit nur selbst eine Grube. Ein Mann der Wahrheit hingegen stopft alle Schlupflöcher, besser gesagt: Für ihn gibt es gar keine Mauer und keine Löcher darin. Selbst mit verbundenen Augen geht er auf dem rechten Pfad.

*

Wahrheit

Aberglaube und Wahrheit gehen nicht zusammen.

*

Wer den Weg der Wahrheit geht, stolpert nicht.

*

Schönheit liegt nicht im Aussehen, sondern allein in der Wahrheit.

Staat, Kultur, Demokratie

Die Geschichte ist voller Beispiele von Männern, die durch ihren Tod, bei dem sie Mut und Mitgefühl zeigten, die Herzen ihrer gewalttätigen Gegner bekehrten.

*

Terrorismus und Verführung sind Waffen der Schwachen und nicht der Starken.

*

Helden werden in der Stunde der Niederlage geboren. Erfolg wird daher zutreffend als eine Reihe ruhmreicher Niederlagen beschrieben.

*

Demokratie ist eine großartige Sache, und daher besteht die Gefahr, dass sie in erheblichem Maße missbraucht wird.

*

In einer Demokratie gibt es keine aktive Loyalität zu einer Person. Du bist stattdessen loyal oder illoyal gegenüber Institutionen.

*

Staat, Kultur, Demokratie

Meine Vorstellung von Demokratie ist, dass unter ihr die Schwächsten die gleichen Chancen haben sollten wie die Stärksten.

*

Damit eine Demokratie funktionieren kann, braucht es weniger Faktenkenntnis als vielmehr die richtige Erziehung.

*

Eine Zivilisation, die auf Gewaltlosigkeit beruht, muss anders sein als eine, die auf Gewalt beruht.

*

In einer Demokratie verhalten sich Menschen nicht wie Schafe.

*

Eine Weiterentwicklung der Demokratie wird nicht möglich sein, wenn wir nicht bereit sind, die andere Seite zu hören.

*

Der Geist der Demokratie kann nicht inmitten eines Terrorregimes wachsen, egal ob staatlich oder volkstümlich.

*

Das Wesen der Demokratie besteht darin, dass jeder Mensch alle die unterschiedlichen Interessen vertritt, aus denen sich die Nation zusammensetzt.

*

Demokratie und Abhängigkeit von Militär und Polizei sind unvereinbar.

*

Zivilisationen sind immer gekommen und gegangen, unberührt von unserem verzweifelten Bemühen.

*

Zivilisation ist keine unheilbare Krankheit, aber man sollte nicht vergessen, dass das englische Volk derzeit von ihr befallen ist.

*

Charakter, und nicht Kleidung ist der wahre Test für eine Zivilisation.

*

Keine Kultur kann sich entfalten, wenn sie danach strebt, von jeglichen Einflüssen unberührt zu bleiben. Es gibt übrigens, genau betrachtet, im heutigen Indien keine »arische Kultur«. Auch die Ureinwohner Indiens waren von anderswoher kommende Eindringlinge, das ist nicht von Bedeutung. Wessen ich jedoch sicher bin, ist, dass meine fernen Vorfahren sich freiwillig vermischt haben. Wir, die heutige Generation, sind nur das Ergebnis dieser Verbindungen.

*

Ich möchte nicht, dass mein Haus von allen Seiten zugemauert wird und seine Fenster geschlossen bleiben. Ich möchte, dass alle Kulturen der Welt so frei wie möglich zu diesem Haus Zugang haben. Aber ich lehne es ab, dabei selbst vertrieben zu werden. Ich will weder als Eindringling oder Bettler noch als Sklave in fremden Häusern leben.

*

Die Fähigkeit, sich zu verweigern, entsteht nicht plötzlich in uns. Wir müssen zunächst eine dementsprechende menschliche Haltung entwickeln und dann unser Leben so schnell wie möglich in Übereinstimmung mit diesem neuen Geisteszustand neu organisieren.

*

Die europäische Zivilisation ist zweifellos für die Europäer geeignet, aber sie wird für Indien den Ruin bedeuten, wenn wir versuchen sollten, sie zu kopieren.

*

Gedanken, Bekenntnisse, Überzeugungen

Einige der aktuellen und brillanten Resultate moderner Erfindungen sind zu verrückt, um dagegen Widerstand zu leisten. Aber ich habe keinen Zweifel daran, dass der Sieg des Menschen in diesem Widerstand liegt. Wir laufen Gefahr, das dauerhafte Gute für einen Moment des Vergnügens herzugeben.

*

Eine halbverhungerte Nation kann weder Religion noch Kunst, noch Organisation haben.

*

Wenn ein Mensch unter dem Himmel schläft, wer kann ihn ausrauben?

*

Verfolge den Weg einer jeden Münze, die in deiner Tasche landet, und du wirst durch solches Nachdenken viel lernen.

*

Einer begeht einen Diebstahl, ein anderer hilft ihm, ein Dritter trägt sich mit dem Gedanken. Alle drei sind Diebe.

*

Gib alles, und du gewinnst alles. Behalte alles zurück, und du verlierst alles.

*

Wir müssen das Chaos in die Ordnung überführen. Und nach meiner festen Überzeugung geschieht dies am besten und schnellsten, indem man die Herrschaft des Volkes errichtet, nicht die Herrschaft des Pöbels.

*

Es ist ein schweres Handikap, dass wir die Musik vernachlässigt haben. Musik bedeutet Rhythmus, Ordnung. Ihre Wirkung ist durchschlagend. Sie besänftigt sofort. Ich habe in Europa erlebt, wie ein kluger Polizist einen randalierenden Mob in Zaum hielt, indem er ein bekanntes Lied anstimmte. Leider ist bei uns die Musik Vorrecht der wenigen, sie wird entweder von Prostituierten betrieben oder von tief gläubigen Betenden. Sie ist nie im modernen Sinn Gemeingut geworden. Wenn sie auf Organisationen wie zum Beispiel die Pfadfindergruppen irgendeinen Einfluss üben könnte, so würde ich gemeinsames Singen von Volksliedern obligatorisch machen. Und zu diesem Zweck würde ich bei jedem Kongress und jeder Konferenz bedeutende Musiker auftreten und Musik für jedermann lehren lassen.

*

Gedanken, Bekenntnisse, Überzeugungen

Die Ausbildung handwerklicher Fähigkeiten wird in einem armen Land wie dem unsrigen einem doppelten Zweck dienen. Sie wird für die Erziehung unserer Kinder bezahlen und sie eine Tätigkeit lehren, mit der sie später, wenn sie es wollen, ihren Lebensunterhalt verdienen können. Ein solches System gibt unseren Kindern Selbstvertrauen. Nichts kann das Volk so sehr demokratisieren, wie wenn wir lernen, manuelle Arbeit nicht zu verachten.

*

Keine Kultur kann überleben, wenn sie versucht, exklusiv zu sein.

*

Europa ist heute nur noch nominell christlich. In Wirklichkeit verehrt es Mammon.

*

Anders als es heute der Fall ist, sollten Korruption und Scheinheiligkeit nicht unausweichliche Nebenprodukte der Demokratie sein.

*

Man braucht nicht die Vorzüge der beiden Zivilisationen gegeneinander abzuwägen. Wahrscheinlich hat der Westen eine Zivilisation entwickelt, die zu seinem Klima und seiner Umgebung passt, und in ähnlicher Weise haben wir eine Zivilisation, die zu unseren Bedingungen passt; und beide sind auf ihrem jeweiligen Gebiet gut.

*

Eine Nation, die zu grenzenlosen Opfern fähig ist, kann zu grenzenlosen Höhen aufsteigen. Je reiner das Opfer, desto schneller der Fortschritt.

*

Mein Patriotismus ist nicht ausschließend. Er ist allumfassend, und ich lehne denjenigen Patriotismus ab, der sich auf die Ausbeutung anderer Nationalitäten stützt. Mein Patriotismus wäre unwürdig, wenn er nicht immer und ausnahmslos mit dem allgemeinsten Wohl der gesamten Menschheit übereinstimmen würde.

*

Es gibt zwei Arten von Macht. Eine wird durch die Angst vor Bestrafung und die andere durch Akte der Liebe errichtet. Macht, die auf Liebe beruht, ist tausendmal wirksamer und dauerhafter als jene, die auf der Angst vor Bestrafung gründet.

*

Gedanken, Bekenntnisse, Überzeugungen

Demokratie und Gewalt gehen schlecht zusammen. Staaten, die heute nominell demokratisch sind, werden entweder offen totalitär oder müssen, um wirklich demokratisch zu werden, mutig gewaltfrei werden. Es ist durchaus gotteslästerlich zu behaupten, Gewaltlosigkeit könne nur von Individuen praktiziert werden und niemals von Nationen, die sich aus Individuen zusammensetzen.

*

Was Demokratie bedeutet? Im Wesentlichen die Kunst (und die Wissenschaft) der Mobilisierung aller physischen, wirtschaftlichen und spirituellen Ressourcen aller Bevölkerungsgruppen im Dienste des Gemeinwohls.

*

Kriminalität ist eine Seuche, und wie jede andere Krankheit ist sie das Ergebnis des herrschenden sozialen Systems.

*

Jede Kunst muss der Seele helfen, ihr Inneres zu erkennen.

*

Staat, Kultur, Demokratie

Wahre Kunst zeigt nicht nur die Form, sondern auch das was dahinterliegt.

*

Warum sollte ein Künstler mir Kunst erklären? Warum sollte die Kunst nicht selbst sprechen?

*

Für einen wahren Künstler ist nur dasjenige Gesicht schön, das, ganz abseits von seinem Äußeren, mit der Schönheit der Wahrheit dahinter leuchtet.

*

Ich weiß nichts über Astrologie. Und falls sie eine Wissenschaft ist, halte ich sie für eine von begrenztem Wert.

*

Wahre Dichtung ist deshalb schön, weil sie über den Dichter hinausgeht.

Gerechtigkeit

Ihr seid absolut frei, jeden nur möglichen Profit zu erzielen. Doch müsst ihr euch dessen bewusst sein, dass dieser Reichtum nicht euch gehört: Er gehört dem Volk. Nehmt euch das, was ihr zur Befriedigung eurer legitimen Bedürfnisse benötigt, und verwendet den Rest für das Wohl der Gesellschaft.

*

Niemand verlangt vom Bauern, Gymnastik zu betreiben oder seine Muskeln zu stärken. Neun Zehntel der Menschheit leben vom Bearbeiten des Bodens. Um wie viel glücklicher, gesünder und friedlicher wäre doch die Welt, wenn das verbleibende Zehntel diesem Beispiel folgen und die Erde nur entsprechend den eigenen Bedürfnissen bearbeiten würde.

*

Die Pflicht, die dem Recht auf Gleichheit aller Menschen entspricht, ist, mit allen Kräften zu arbeiten. Das entsprechende Mittel, mit dem ein Mensch Widerstand leisten kann, besteht darin, nicht mit demjenigen zu kooperieren, der ihm die Frucht seiner Arbeit nehmen will.

*

Gerechtigkeit

Der Arbeiter, der Widerstand leistet, indem er sich weigert, mit dem Kapitalisten zu kooperieren, muss nicht fürchten, ersetzt zu werden, denn er kann hoffen, seine Arbeitskameraden zu überzeugen, dem ungerechten Kapitalisten nicht zu helfen. Diese Methode zur Erziehung der Arbeiter ist gewiss ein ziemlich langsamer Prozess; da er jedoch der sicherere Weg ist, ist er auch der schnellere.

*

Das Kapital könnte seinen Willen nicht einmal mit Gewehren und Tränengas durchsetzen, wenn die Arbeiter ihre Würde bewahren, bei ihrem Nein bleiben und sich vor Vergeltung hüten.

Liebe

Die Möglichkeiten universeller Liebe sind unendlich.

*

Fürchten wir uns davor, unseren Gegnern ihre Unwissenheit vorzuhalten. Denn wir können sie nicht lieben, wenn wir uns nicht selbst so sehen können, wie sie uns sehen. Lernen wir, die ganze Welt mit unserer Liebe zu umarmen.

*

Die erhabenste Suche ist die Suche nach Gott. Man findet Gott allerdings weder in den Tempeln noch in anderen von Menschen errichteten Kultstätten oder indem man einfach verschiedene Formen der Enthaltsamkeit übt. Es ist vielmehr die Liebe, durch die man Gott finden kann.

*

Selbst wenn unsere gesellschaftlichen Strukturen gegenwärtig nicht auf der bewussten Akzeptanz der Gewaltlosigkeit beruhen, so leben die Menschen überall mit ihren Besitztümern doch nur aufgrund des gegenseitigen guten Willens. Im gegenteiligen Fall hätte nur die Minderheit der Gewalttätigen überlebt. Wir stellen fest, dass die Familien durch die Bande

Liebe

der Liebe zusammengehalten werden, ebenso wie das, was man die zivilisierte Gesellschaft nennt, die Nationen miteinander verbindet.

*

Nachdem ich auf den Gebrauch des Schwertes verzichtet habe, kann ich denen, die sich mir entgegenstellen, nur den Becher der Liebe anbieten. So hoffe ich, sie mir näher zu bringen.

*

Gewaltlosigkeit bedeutet nicht, sich damit zufriedenzugeben, dass man die liebt, die uns lieben. Zur Gewaltlosigkeit gelangt man nur, wenn man diejenigen liebt, die uns hassen.

*

Wir können über alle Hindernisse triumphieren, wenn wir diese Regel zu befolgen wissen: Sei nicht ungeduldig gegenüber denen, die du zu überzeugen versuchst. Und sei, wenn notwendig, darauf vorbereitet zu leiden.

*

Der Schwache kann nicht verzeihen. Nur der Starke ist dazu in der Lage.

*

Gedanken, Bekenntnisse, Überzeugungen

Gewaltlosigkeit ist eine aktive Form guten Willens gegenüber allem Leben. Sie ist die reine Liebe. Das sagen die heiligen Texte der Hindus ebenso wie die Bibel oder der Koran.

*

Unser Ziel muss die Freundschaft mit der ganzen Welt sein. Wir müssen fähig sein, die größte Liebe mit dem entschlossenen Widerstand gegen das Böse zu kombinieren.

*

Die Nichtkooperation, wie ich sie auffasse, wurzelt nicht im Hass, sondern in der Liebe. Denn meine persönliche Religion verbietet mir absolut jeglichen Hass. Das ist eine einfache, aber großartige Lehre, die ich mit zwölf Jahren in einem Schulbuch gefunden und niemals vergessen habe.

Selbsterkenntnis

Um zur Selbsterkenntnis zu gelangen, muss der Mensch aus seinem Schneckenhaus herauskommen und sich selbst leidenschaftslos betrachten.

*

Wie kann, wer den wahren Wert des Selbst nicht begriffen hat und ihn nicht schützt, sonst irgendetwas im Leben bewahren und schützen?

*

Es ist seltsam, dass wir uns so sehr mit den äußeren Dingen abmühen und uns um die inneren Dinge nicht kümmern.

*

Der Mensch ist der Schöpfer seines eigenen Schicksals, und deshalb fordere ich Sie auf, Schöpfer Ihres eigenen Schicksals zu werden.

*

Unsere eigenen Fehler wollen wir nicht sehen, die der anderen aber nehmen wir mit Freude war. Viel Unglück erwächst aus dieser Haltung.

*

Gedanken, Bekenntnisse, Überzeugungen

Ein Mensch darf niemals seine innere Stimme unterdrücken, nicht einmal wenn er allein ist.

*

Wenn das Auge eines Menschen eines sagt, seine Zunge anderes und sein Herz noch einmal etwas anderes, so ist er ein unbrauchbarer Geselle.

*

Wer die Fehler bei anderen sucht, kann seine eigenen nicht sehen.

*

Ein Fehler hört nur dann auf, ein Fehler zu sein, wenn er berichtigt wird. Wird er vertuscht, bricht er auf wie ein Geschwür und wird zur Gefahr.

*

Es gibt zwei Arten von Gedanken: Die eine Art erhebt, die andere erniedrigt. Wir sollten immer daran denken und lernen, die eine von der anderen zu unterscheiden.

*

Suche nicht die Ansichten anderer kennenzulernen, und gründe deine Meinung nicht darauf. Unabhängig für sich selbst zu denken ist ein Zeichen der Furchtlosigkeit.

*

Selbsterkenntnis

Es scheint, dass der Mensch der Falle der Übertreibung nicht entgehen kann.

*

Der Mensch ist nicht Gott, also nenne ihn auch nicht so. Widerschein des Göttlichen zu sein ist sein Anteil.

*

Ein Ideal ist eine Sache, danach zu leben eine völlig andere.

*

Wer seine persönliche Eigenheit verliert, verliert alles.

*

Man kann nur dann sagen, man hätte ein Ideal, wenn man alles daransetzt, es zu verwirklichen.

*

Zwischen Eigensinn und Standhaftigkeit ist ein großer Unterschied. Der Versuch, die eigene Sicht anderen aufzudrängen, ist Eigensinn; Standhaftigkeit besteht darin, dass wir uns selbst willentlich etwas auferlegen mit dem Ergebnis, dass wir andere dazu bringen, unsere Sicht aus ihrem eigenen freien Willen anzunehmen.

*

Wer nur aus Scham korrekt handelt, handelt nicht korrekt.

*

Gesang entsteht nicht allein durch den Kehlkopf.

*

Wer weder Ruhe noch Entschiedenheit kennt, wie kann der Erkenntnis haben?

*

Warum suchst du draußen, was in dir drinnen ist?

*

Wer den Zweig untersucht und die Wurzel vergisst, geht in die Irre.

Ziviler Ungehorsam

Hinter der Nichtkooperation, wie ich sie verstehe, steht immer das Verlangen, bei der kleinsten Gelegenheit zu kooperieren – selbst mit dem schlimmsten Gegner.

*

Im Gegensatz zum kriminellen Ungehorsam, den der Staat, wenn er nicht untergehen will, mit Gewalt unterdrücken muss, führt der zivile Ungehorsam niemals zur Anarchie. Ihn zu unterdrücken hieße das Gewissen einsperren.

*

Ein Kämpfer für den zivilen Ungehorsam stellt sich bewusst außerhalb des Gesetzes, indem er bekräftigt, dass er kein vom Staat erlassenes unmoralisches Gesetz befolgen werde. Er ignoriert die Autorität des Staates, indem er sich beispielsweise weigert, Steuern zu zahlen, oder indem er die Gesetze verletzt, die die Freiheit der Bewegung auf öffentlichen Plätzen regeln – wenn er vielleicht zu Soldaten in einer Kaserne spricht –, oder in privaten Einrichtungen, etwa wenn es gilt, eine Streikpostenkette zu bilden.

*

Gedanken, Bekenntnisse, Überzeugungen

Der zivile Ungehorsam ist die reinste Form verfassungsmäßiger Agitation. Es versteht sich von selbst, dass er entwürdigend und beachtenswert wird, wenn sein ziviler, d. h. gewaltlose Charakter sich mehr als simple Tarnung denn als prinzipielle Einstellung erweist.

*

Um wahrhaft zivil zu sein, muss der Ungehorsam aufrichtig und respektvoll sein. Er darf nicht arrogant sein und muss sich selbst auf der Basis eines wohlverstandenen Prinzips beherrschen. Er darf nicht launenhaft sein und weder Groll noch Hass verbergen.

*

Der zivile Widerstand ist die Widerstandsform, die die geringste Zahl von Soldaten erfordert. Denn ein einziger Widerstandskämpfer, vorausgesetzt, er ist vollkommen zivil, genügt, um die Schlacht des Guten gegen das Böse zu gewinnen.

*

Ziviler Ungehorsam ist ein Grundrecht jedes Bürgers.

*

Ziviler Ungehorsam

Ziviler Ungehorsam wird dann eine heilige Pflicht, wenn der Staat gesetzlos oder, was das Gleiche ist, korrupt geworden ist.

*

Massenhafter ziviler Ungehorsam ist wie ein Erdbeben.

*

Wirklich ziviler Ungehorsam wird niemals Vergeltung provozieren.

Demut

Wir sind nicht besser als irgendein anderer – dieser Gedanke ist voller Wahrheit und Demut.

*

Wer kein echtes Gefühl der Demut hat, kann keine Wahrhaftigkeit finden. Wenn du auf dem Grund des Ozeans der Wahrheit schwimmen willst, musst du dich auf null reduzieren.

*

Gewaltlosigkeit führt zwangsläufig zu Demut. Gewaltlosigkeit bedeutet, sich auf Gott, den Felsen der Zeit, zu verlassen. Wenn wir seine Hilfe suchen möchten, müssen wir uns ihm mit demütigem und zerknirschtem Herzen nähern [...] Wir müssen handeln, ganz wie der Mangobaum, der ermattet, wenn er Früchte trägt. Seine Größe liegt in seiner majestätischen Demut.

*

Entsagung ist die zentrale Sonne, um die sich Hingabe, Wissen und der Rest wie Planeten drehen.

*

Demut

Demut darf nicht mit Manieren oder Etikette verwechselt werden. Ein Mann wird sich manchmal vor einem anderen niederwerfen, obwohl sein Herz voller Bitterkeit gegen ihn ist. Das ist keine Demut, sondern List. Ein Mann kann Ramanama singen oder den ganzen Tag seinen Rosenkranz beten und sich in der Gesellschaft wie ein Weiser bewegen. Aber wenn er im Herzen egoistisch ist, ist er nicht sanftmütig, sondern nur scheinheilig. Ein bescheidener Mensch ist sich seiner Demut nicht bewusst. Angeborene Demut kann niemals verborgen bleiben, und dennoch ist sich der Besitzer seiner Existenz nicht bewusst. […] Demut sollte den Besitzer erkennen lassen, dass er ein Nichts ist. Sobald wir uns vorstellen, wir seien etwas, taucht der Egoismus auf. Wenn ein Mann, der die religiösen Gebote achtet, stolz darauf ist, sie zu achten, verlieren sie viel von ihrem Wert, wenn nicht sogar den ganzen. Und ein Mann, der stolz auf seine Tugendhaftigkeit ist, wird oft zum Fluch für die Gesellschaft. Die Gesellschaft wird es nicht zu schätzen wissen, und er selbst wird keinen Nutzen daraus ziehen können.

*

Nur ein wenig Nachdenken überzeugt uns davon, dass alle Kreaturen nichts weiter als ein bloßes Atom in diesem Universum sind. Unsere Existenz als verkörpertes Wesen ist nur vorübergehend: Was sind hundert Jahre in der Ewigkeit? Wenn wir aber die Ketten des Egoismus zerbrechen und im Ozean der Demut aufgehen, teilen wir seine Würde. Zu fühlen, dass wir etwas sind, bedeutet, eine Barriere zwischen Gott und uns selbst zu errichten. Das Gefühl aufzugeben, dass wir etwas sind, bedeutet, eins mit Gott zu werden. Ein einzelner Tropfen des Ozeans hat an der Größe seiner Eltern teil, obwohl er sich dessen nicht bewusst ist. Aber er trocknet aus, sobald er in eine vom Ozean losgelöste Existenz eintritt.

*

Ein dienstbares Leben muss ein Leben in Demut sein. Wer sein Leben für andere opfern würde, hat kaum Zeit, sich einen Platz in der Sonne zu sichern. Trägheit darf nicht wie im Hinduismus mit Demut verwechselt werden. Wahre Demut bedeutet das anstrengendste und beständigste Streben, ganz auf den Dienst an der Menschheit gerichtet. Gott ist ununterbrochen in Aktion, ohne sich einen Moment auszuruhen. Wenn wir Ihm dienen oder eins mit Ihm werden wollen, muss unser Tätigsein so unermüdlich sein wie seines. Für den Tropfen, der vom Ozean getrennt ist, mag es eine vorübergehende Ruhe geben, nicht aber für den Tropfen im Ozean, der immer in Bewegung ist. Gleiches gilt für uns. Sobald wir eins werden mit dem Ozean in der Form Gottes, gibt es keine Ruhe mehr für uns, und wir brauchen auch keine Ruhe mehr. Unser Schlaf ist Handlung. Denn wir schlafen mit dem Gedanken an Gott in unseren Herzen. Diese Unruhe ist wahre Ruhe. Diese unaufhörliche Aufregung ist der Schlüssel zum Frieden. Dieser höchste Zustand der totalen Hingabe ist schwer zu beschreiben, aber nicht jenseits der Grenzen der menschlichen Möglichkeiten. Er wurde von vielen regsamen Seelen erreicht und kann auch von uns selbst erreicht werden.

*

In Gemeinschaft mit der Demut ist das Gebet das sicherste Mittel, das Herz von allen Leidenschaften zu reinigen.

*

Das Leben wird nur insoweit lebenswert, als dass der Tod als Freund und nicht als Feind angenommen wird.

Disziplin

Es ist ungesund, seinen Körper zu kontrollieren, wenn man gleichzeitig den Geist umherschweifen lässt. Denn der Körper wird sich früher oder später vom Geist davontragen lassen.

*

Der körperliche Genuss ist dem Genuss durch das Denken vorzuziehen.

*

Der Geist ist schwerer zu beherrschen als der Wind. Dennoch macht die Gegenwart Gottes in uns diese Beherrschung möglich. Wir sollten das also nicht für unmöglich halten, nur weil es schwierig ist. Es ist vielmehr das höchste Ziel. Deshalb ist es nicht erstaunlich, dass es größter Anstrengungen bedarf, es zu erreichen.

*

Wem das Elend der Menschheit in seinem ganzen Ausmaß bewusst ist, der wird sich nie von der Leidenschaft beunruhigen lassen.

*

Disziplin

Der Körper muss ebenso sauber und rein sein wie der Geist.

*

Es ist meine tiefste Überzeugung, dass die Seelenkraft proportional zu unserer Fähigkeit wächst, die fleischlichen Gelüste zu unterdrücken.

*

Wer den Unterschied zwischen der vergänglichen Natur des Fleisches und der unvergänglichen Natur des Geistes kennt, weiß instinktiv, dass Selbstverwirklichung ohne Selbstdisziplin und Selbstbeherrschung unmöglich ist. Der Körper kann entweder ein Spielfeld der Leidenschaft oder ein Tempel der Selbstverwirklichung sein. Wenn es das Letztere ist, gibt es dort keinen Raum für Liederlichkeit. Die Bedürfnisse des Geistes müssen stets das Fleisch zügeln.

*

Wenn das Herz rein ist, haben die gröberen Impulse des Körpers keinen Spielraum. Aber was verstehen wir unter dem Herzen? Und wann dürfen wir glauben, dass das Herz rein ist? Das Herz ist nichts anderes als der Atman oder der Sitz des Atman. Sich vorzustellen, dass es rein ist, bedeutet, dass der Atman vollkommen verwirklicht wird, und in Gegenwart einer solchen Verwirklichung ist ein Verlangen der

Sinne undenkbar. Doch normalerweise schreiben wir dem Herzen Reinheit zu, wenn wir erst nach ihr streben – zum Beispiel: Ich liebe dich. Das bedeutet nur, dass ich versuche, ein solches Gefühl für dich zu entwickeln. Wenn ich unaufhörliche Liebe in mir hätte, sollte ich ein vollkommen erleuchteter Mann sein, was ich selbst in der Tat nicht bin. Jeder, für den ich wahre Liebe empfinde, wird meine Absichten oder Worte nicht missverstehen, und so jemand wird mir nichts Böses wollen. Daraus folgt, dass, wenn jemand uns als seinen Feind ansieht, die Schuld in erster Linie bei uns selbst liegt … Die vollkommene Reinheit des Herzens ist daher die letzte Stufe. Bevor wir dieses Stadium erreicht haben, während wir nach immer größerer Reinheit streben, wird das Verlangen der Sinne in entsprechendem Maße nachlassen.

*

Meine Religion lehrt mich, dass man beten und fasten muss, wenn man das Gefühl der Verzweiflung nicht bewältigen kann.

*

Erst wenn wir uns zu einem Nichts reduziert haben, können wir das Böse in uns besiegen. Gott verlangt nichts weniger als völlige Selbsthingabe als den Preis für die einzig wahre Freiheit, die wert ist, sie zu haben.

*

Disziplin

Die Ehe ist eine Schranke, welche die Religion schützt. Zerstört man diese Schranke, dann zerbirst die Religion.

*

Die Ehe ist ein Sakrament. Versteht man es, sich die in diesem Rahmen notwendige Zurückhaltung aufzuerlegen, dann vermehrt man die innere Kraft für den Dienst am anderen und für das Land.

*

Moderne Zivilisationen erkennt man an der unendlichen Vielfalt ihrer geäußerten Bedürfnisse. Eine alte Zivilisation erkennt man an der Einschränkung und strengen Regulierung dieser Bedürfnisse.

*

Denkt jeder mehr an seine Pflichten als an seine Rechte, dann lässt sich alles leicht regeln.

*

Loyal zu sein ist kein Verdienst. Loyalität ist in der ganzen Welt eine notwendige Voraussetzung für die Staatsangehörigkeit.

*

Gedanken, Bekenntnisse, Überzeugungen

Das Ziel scheint sich immer mehr zu entfernen. Denn je weiter wir voranschreiten, desto mehr werden wir uns unserer Schwäche bewusst. Es ist jedoch gerade dieses Bemühen selbst, in dem wir Befriedigung finden, nicht der Erfolg. Vorbehaltloses Bemühen bringt den totalen Sieg.

*

Die Gebete derjenigen, die Honig auf der Zunge, jedoch Gift im Herzen haben, werden niemals erhört. Denn um zu Gott zu beten, muss man sein Herz rein halten.

*

Es ist nicht notwendig, feste Gebetszeiten zu haben. Das Gebet ist ein kostbarer Augenblick im Tagesablauf jedes Einzelnen. Dem einen mag eine Minute genügen, dem anderen können 24 Stunden nicht genug sein. Für diejenigen, die von der Gegenwart Gottes erfüllt sind, bedeutet arbeiten beten; jedoch für die meisten von uns gewöhnlichen Sterblichen, die wir einerseits nicht alle unsere Handlungen Gott widmen, aber ebenso wenig vollkommen egoistisch leben – für uns regeln die Religionen die Zeiten des Gebets.

*

Disziplin

Wer nicht in der Lage ist, sich selbst zu beherrschen, kann niemals wirklich über andere herrschen.

*

Unser größter Feind ist nicht der Fremde noch sonst irgendwer. Wir selbst, unsere Begehrlichkeiten, sind unserer Feind.

*

Alkohol macht den Menschen für den Augenblick unvernünftig, Stolz jedoch zerstört ihn völlig, und er ist sich dessen nicht einmal bewusst.

*

Der Neid verzehrt den, der ihn hegt. Der, auf den der Neid zielt, bleibt davon unberührt, und möglicherweise nimmt er ihn gar nicht wahr.

*

Nur das Werk, das getan wird, nachdem der Zorn sich gelegt hat, trägt Früchte.

*

Selbstsucht ist ein ständiger Quergeist.

*

Ein Sklave von Furcht und Selbstsucht zu sein ist die schlimmste Form von Sklaverei.

*

Selbstsucht und Furcht lösen sich auf, wenn man Gott erkennt.

Mann und Frau

Gott kann doch gar nicht so grausam und ungerecht sein, als dass er zwischen Mann und Mann, zwischen Frau und Frau einen Unterschied zwischen hoch und niedrig macht.

*

Mann und Frau haben eine ähnliche Seele. Sie leben dasselbe Leben und haben dieselben Gefühle. Jeder von beiden ergänzt den anderen. Keiner von den beiden kann ohne die aktive Unterstützung des anderen leben.

*

Seit undenklichen Zeiten hat der Mann die Frau beherrscht, und sie hat einen Minderwertigkeitskomplex entwickelt. Sie ist schließlich dahin gelangt, an die Doktrin des Mannes zu glauben, der sie für minderwertig erklärt hat. Erinnern wir uns jedoch, dass die Weisen unter den Männern stets die gesetzliche Gleichheit der Frau anerkannt haben.

*

Nach Anerkennung der Arbeitsteilung zwischen den Geschlechtern bleibt es eine Tatsache, dass die von beiden Seiten geforderten Eigenschaften und die Geistesbildung praktisch dieselben sind.

*

Gedanken, Bekenntnisse, Überzeugungen

Keuschheit ist eine der wichtigsten Übungen, ohne die der Geist nicht die erforderliche Festigkeit erreichen kann.

*

Um wirklich frei zu sein, müssen die Frauen das Wahlrecht und den Status gesetzlicher Gleichheit erlangen. Auf diese Weise müssen sie ihren Einfluss auf die politischen Entscheidungen der Nation ausüben können.

*

Die Ehefrau ist nicht die Sklavin ihres Gatten, sondern seine Gefährtin, seine Mitarbeiterin und Partnerin, ihm gleich in allen Freuden und Schmerzen – ebenso frei wie er, ihren eigenen Weg zu wählen.

*

Das System der Mitgift muss aufgegeben werden. Die Heirat darf keine von den Eltern um des Geldes willen abgeschlossene Vereinbarung mehr sein.

*

Mädchen müssen so erzogen werden, dass sie gegenüber jedem, der eine Mitgift verlangt, nein sagen können. Denn die einzigen ehrenwerten Bedingungen einer Ehe sind Liebe und wechselseitige Achtung.

Vermächtnis

Vor allem möchte ich, dass ihr die Botschaft Asiens verstehen lernt. Sie lässt sich nicht erlernen aus den Schauspielen des Westens oder durch den Nachbau der Atombombe. Wenn wir dem Westen eine Botschaft vermitteln wollen, so muss es die Botschaft der Liebe und die Botschaft der Wahrheit sein. Ich will nicht nur an euren Verstand appellieren. Ich will eure Herzen gewinnen. In diesem Zeitalter der Demokratie, in diesem Zeitalter des Erwachens der Ärmsten der Armen könnt ihr diese Botschaft mit größtem Nachdruck weitergeben. Ihr werdet den vollen Sieg über den Westen erringen, nicht indem ihr euch an den Ausbeutern rächt, sondern nur durch wahres Verstehen. Ich bin optimistisch. Wenn ihr euch aus ganzem Herzen – und nicht nur mit Verstand – vereinen werdet, um die Geheimnisse der Botschaft zu verstehen, die jene Weisen des Ostens uns hinterließen, und wenn wir dieser großen Botschaft wahrhaftig würdig werden, dann ist der Sieg über den Westen vollständig. Und sogar der Westen selbst wird diesen Sieg lieben. Der Westen müht sich heute um Weisheit. Er ist verzweifelt über die Häufung von Atombomben, denn Atombomben bedeuten völlige Zerstörung nicht nur des Westens, sondern der ganzen Welt, als sollte die Prophezeiung der Bibel sich erfüllen und eine Sintflut kommen, die alles vernichtet. Eure Aufgabe ist es, der Welt ihre Bosheit und Sünde vor Augen zu halten – das ist das Erbe, das eure und meine Lehrer Asien anvertraut haben.

*

Vielleicht hat es noch nie so viele Spekulationen über die Zukunft gegeben wie heute. Wird unsere Welt stets von Gewalt geprägt sein? Wird es immer Armut, Hunger und Elend geben? Werden wir einen festeren und reichhaltigeren Glauben an die Religion haben, oder wird die Welt gottlos sein? Wenn es eine große Veränderung der Gesellschaft gibt, wird sich dieser Wandel vollziehen? Durch Krieg oder durch Revolution? Oder wird er friedlich zustande kommen? Verschiedene Menschen geben verschiedene Antworten auf diese Fragen, da jeder den Entwurf der morgigen Welt so gestaltet, wie er sie sich erhofft und wünscht. Ich antworte darauf nicht nur aufgrund meines Glaubens, sondern auch aufgrund meiner Überzeugung. Die Welt von morgen wird, nein muss eine auf Gewaltfreiheit gegründete Gesellschaft sein. Das ist das erste Gesetz; aus ihm werden sich alle anderen Entwicklungen ergeben. Das mag als ein fernes Ziel, ein unpraktikables Utopia erscheinen. Es ist aber durchaus erreichbar, denn dafür kann hier und jetzt gearbeitet werden. Ein Einzelner kann die Lebensweise der Zukunft – der Gewaltfreiheit – annehmen, ohne auf andere warten zu müssen. Und wenn ein Einzelner es kann, können es nicht auch ganze Gruppen und ganze Nationen? Die Menschen zögern häufig, einen Anfang zu machen, weil sie spüren, das Ziel kann nicht in seiner Gänze erreicht werden. Genau diese Geisteshaltung ist unser größtes Hindernis für den Fortschritt – ein Hindernis, dass jeder Mensch, wenn er nur will, beseitigen kann.

*

Gleiche Verteilung – das zweite große Gesetz der Welt von morgen, wie ich sie sehe – erwächst aus der Gewaltfreiheit. Es wirkt, ob wir es anerkennen oder nicht. Und genauso wie ein Naturwissenschaftler durch die verschiedenen Anwendungen der Naturgesetze Wunder wirken kann, kann ein Mensch, der das Gesetz der Liebe mit wissenschaftlicher Präzision anwendet, noch größere Wunder wirken. Denn die Kraft der Gewaltfreiheit ist unendlich wunderbarer und feiner, als es die Naturkräfte, wie zum Beispiel Elektrizität, sind. Der Mensch, der für uns das Gesetz der Liebe entdeckte, war ein weit größerer Wissenschaftler als irgendeiner unserer modernen Naturwissenschaftler. Nur sind unsere Forschungen nicht weit genug gegangen, und daher ist es nicht für jedermann möglich, alle seine Wirkungen zu erkennen. Das jedenfalls ist die Täuschung, wenn es denn eine ist, unter der ich mich abmühe. Je mehr ich unter diesem Gesetz arbeite, desto mehr Freude fühle ich im Leben und am ganzen Aufbau des Universums. Dieses Gesetz gibt mir Frieden, und es lässt mich jene Geheimnisse der Natur verstehen, die zu beschreiben mir die Worte fehlen.

*

Ich bin allein in diese Welt gekommen, ich bin allein durch das Tal des Todes gelaufen, und ich werde allein wieder gehen, wenn die Zeit kommt.

Editorische Notiz

Die dieser Auswahl zugrundeliegenden Texte sind zum einen der vom Gandhi Sevagram Ashram herausgegebenen Gesamtausgabe seiner Schriften und Reden sowie den ebenfalls dort zusammengestellten thematischen Auswahlbänden entnommen und für diese Ausgabe übersetzt worden. Zum anderen entstammen sie den ab S. 189 aufgeführten Zusammenstellungen.

Verwendete und weiterführende Literatur

Mahatma Gandhi: Collected Works. 89 Bände, Ahmedabad o. J.
Mahatma Gandhi: The Voice of Truth. Ahmedabad 1968
Mahatma Gandhi: Selected Letters. Ahmedabad 1968
Mahatma Gandhi: On Education. Neu-Delhi 1998

Mahatma Gandhi: Die Lehre vom Schwert – und andere Aufsätze aus den Jahren 1919–1922. Zürich 1924
Mahatma Gandhi: Mein Leben. Leipzig 1930
Mahatma Gandhi: Handeln aus dem Geist. Texte zum Nachdenken. Freiburg. o. J.
Mahatma Gandhi: Ausgewählte Texte. München 1983
Mahatma Gandhi: Aus der Stille steigt die Kraft zum Kampf. Freiburg 1987

Verwendete und weiterführende Literatur

Mahatma Gandhi: Wer den Weg der Wahrheit geht, stolpert nicht. München 1998
Mahatma Gandhi: Was macht es schon, wenn man uns für Träumer hält? München 2001
Mahatma Gandhi: Ausgewählte Werke. Hg. v. Wolfgang Sternstein. 5 Bde. Göttingen 2011
Mahatma Gandhi: Mittel und Wege. Ausgewählte Reden und Schriften. Stuttgart 2015

Dieter Rothermund: Mahatma Gandhi. München 2003
Andreas Becke: Gandhi zur Einführung. Hamburg 1999

Bibliografische Information der Deutschen Nationalbibliothek
Die Deutsche Nationalbibliothek verzeichnet diese Publikation in der Deutschen
Nationalbibliografie; detaillierte bibliografische Daten sind im Internet über
http://dnb.d-nb.de abrufbar.

Es ist nicht gestattet, Texte dieses Buches zu scannen, in PCs oder auf CDs
zu speichern oder mit Computern zu verändern oder einzeln oder zusammen mit anderen Bildvorlagen zu manipulieren, es sei denn mit schriftlicher
Genehmigung des Verlages.

Alle Rechte vorbehalten

© by marixverlag in der Verlagshaus Römerweg GmbH, Wiesbaden 2019
Covergestaltung: Anja Carrà, Weimar
Umschlagabbildung: Mahatma Gandhi / Zeichnung von R. L. Lekhi, 1946
© akg-images
Abbildung S. 2: Wikimedia Commons (Elliott & Fry)
Satz und Bearbeitung: SATZstudio Josef Pieper, Bedburg-Hau
Der Titel wurde in der Minion Pro gesetzt.
Gesamtherstellung: CPI books GmbH, Leck – Germany

ISBN: 978-3-7374-1118-9

Mehr über Ideen, Autoren und Programm des Verlags finden Sie auf
www.verlagshaus-roemerweg.de und in Ihrer Buchhandlung.